高校创新创业教育与实践探索

杨玲 著

延吉·延边大学出版社

图书在版编目（CIP）数据

高校创新创业教育与实践探索 / 杨玲著. -- 延吉：延边大学出版社，2024.9. -- ISBN 978-7-230-07221-2

Ⅰ. G640

中国国家版本馆CIP数据核字第2024YB0931号

高校创新创业教育与实践探索
GAOXIAO CHUANGXIN CHUANGYE JIAOYU YU SHIJIAN TANSUO

著　　者：杨　玲
责任编辑：朱云霞
封面设计：文合文化
出版发行：延边大学出版社
社　　址：吉林省延吉市公园路977号　　邮　　编：133002
网　　址：http://www.ydcbs.com　　E-mail：ydcbs@ydcbs.com
电　　话：0433-2732435　　传　　真：0433-2732434
印　　刷：廊坊市广阳区九洲印刷厂
开　　本：710mm×1000mm　1/16
印　　张：12.5
字　　数：220 千字
版　　次：2024 年 9 月 第 1 版
印　　次：2024 年 9 月 第 1 次印刷
书　　号：ISBN 978-7-230-07221-2

定价：78.00元

前　言

当今时代，全球经济的迅速发展和科技的日新月异使创新创业能力成为衡量一个国家竞争力和发展潜力的关键因素。在这一时代背景下，高校作为人才培养的摇篮，其创新创业教育的重要性日益凸显。

随着我国社会主义市场经济的不断发展和完善，"供需见面、双向选择"的就业模式已逐渐成为主流。这一变革不仅要求毕业生具备扎实的专业知识技能，还要有高度的创新意识、创业精神和实践能力。面对日益严峻的就业形势和激烈的市场竞争，高校必须承担起培养创新创业人才的重任，以适应社会经济发展的需求。

本书全面系统地探讨了高校创新创业教育的理论与实践，首先介绍了创新创业教育的相关概念、高校创新创业教育的理论基础等；随后介绍了大学生创新创业能力培养、大学生创新创业的准备、大学生创业机会与创业风险以及大学生创业者与创业团队的内容，这些都是高校创新创业教育的重要组成部分；接着介绍了高校创新创业教育的协同机制以及高校创新创业教育评价体系的构建，旨在推动高校创新创业教育的深入发展；最后介绍了高校创新创业教育的融合发展新模式，并结合具体的例子介绍了高校创新创业教育实践。本书不仅为教育工作者提供了丰富的理论指导，也为大学生创新创业提供了宝贵的参考和借鉴。

创新创业教育是一项长期而艰巨的任务，面对新的挑战和机遇，我们必须坚持创新、勇于实践、不断探索新的教育模式和方法。只有这样，我们才能培养出更多具有创新精神和实践能力的优秀人才，为国家的繁荣富强和民族的伟大复兴贡献智慧和力量。

由于笔者水平有限，书中难免存在不妥之处，敬请广大学界同仁与读者朋友批评指正。

杨玲

2024 年 9 月

目 录

第一章 高校创新创业教育概述 ... 1

  第一节 创新创业教育的相关概念 ... 1

  第二节 高校创新创业教育的分类与发展历程 ... 6

  第三节 高校创新创业教育的理论基础 ... 10

  第四节 高校创新创业教育的必要性 ... 16

第二章 大学生创新创业能力培养 ... 19

  第一节 大学生创新创业能力及其培养的意义 ... 19

  第二节 转变培养理念，调整培养策略 ... 24

第三章 大学生创新创业的准备 ... 29

  第一节 心理准备 ... 29

  第二节 知识准备 ... 31

  第三节 资源准备 ... 50

第四章 大学生创业机会与创业风险 ... 54

  第一节 创业机会 ... 54

  第二节 创业风险 ... 64

1

第五章 大学生创业者与创业团队······74

第一节 创业者······74

第二节 创业团队······82

第六章 高校创新创业教育的协同机制······96

第一节 高校创新创业教育协同机制的设计······96

第二节 高校创新创业教育协同机制的运行······106

第三节 高校创新创业教育协同机制的保障······118

第七章 高校创新创业教育评价体系的构建······125

第一节 高校创新创业教育评价体系构建的意义和原则······125

第二节 高校创新创业教育的评价方法······128

第三节 高校创新创业教育评价体系构建的方向······133

第八章 高校创新创业教育融合发展新模式······141

第一节 专业教育与高校创新创业教育的融合······141

第二节 教育实践体系与高校创新创业教育的融合······149

第三节 劳动教育与高校创新创业教育的融合······161

第四节 "互联网+"思维与高校创新创业教育的融合······167

第九章 高校创新创业教育实践······175

第一节 H大学创新创业教育实践······175

第二节 R大学创新创业教育实践······180

第三节　J大学创新创业教育实践 …………………………………181

第四节　X大学创新创业教育实践 …………………………………184

参考文献 ……………………………………………………………188

第一章　高校创新创业教育概述

第一节　创新创业教育的相关概念

一、创新

创新与创业的含义不同，语境有所区别，在不同的时期和领域有着不同的解释。"创新"涉及经济学、社会学、管理学等领域。"创新"的原意包含三个方面：第一，更新；第二，创造新的东西；第三，改变。《现代汉语词典》（第 7 版）把"创新"解释为"抛开旧的，创造新的"。著名经济学家、创新理论的奠基人约瑟夫·阿洛伊斯·熊彼特（Joseph Alois Schumpeter）认为，"创新"就是建立一种新的生产函数，也就是把一种新的生产要素和生产条件的"新组合"引入生产体系。它包括五种情况：①引进新产品；②引入新的生产方法；③开辟新的市场；④控制原材料或半成品的新来源；⑤建立工业（企业）的新组织。企业家的职能就是引进"新组合"，实现创新。管理学大师彼得·德鲁克（Peter F. Drucker）在其《创新与企业家精神》一书中发展了熊彼特的创新理论，他认为创新是赋予资源以新的创造财富能力的行为。创新作为人类的认识、实践能力，是人类主观能动性的高级表现形式，是民族进步和国家发展的不竭动力。21 世纪，随着创新成为经济发展、社会进步的原动力，创新的内涵也会越来越丰富。

二、创业

《现代汉语词典》(第 7 版)将"创业"定义为"创办事业"。刘建钧认为,创业是一种创建企业的过程,或者说是一种创建企业的活动。他指出,创业活动必然涉及创新,但创新不一定是创业活动。郁义鸿、李志能等人认为,创业是一个发现和捕捉机会并由此创造出新颖的服务或实现潜在价值的过程。罗天虎认为,创业是个人或群体为了改变现状、造福后人,努力创造和积累财富的艰苦奋斗过程。创业活动具有开拓性、自主性和功利性等基本特征。雷家骕则认为创业是创新的特殊形态。

在理论上,当今学者并没有给创业一个普遍接受的定义。但我们梳理之后不难发现,创业有狭义和广义之分:狭义的创业通常指创建一个新的企业;广义的创业一般指创造新事业的过程。

大部分学者认为,创新是创业的基础源泉和前提,甚至是核心和本质;而创业是创新的载体和外在表现形式,是创新的目的与归宿。很多时候,创业成功与否,取决于创新的程度如何,创新这个新的"生产函数"加上一个"组织变量"便构成了创业,二者在本质上是相通的。

三、创新教育

目前,世界上关于创新教育的定义主要有两种。其一,创新教育是以培养创新意识、创新精神、创新思维、创造能力或创新人格等创新素质,以及培养创新型人才为目的的教育活动。这种定义认为它是一种理念和思想。其二,创新教育是为了使人们能够更好地创新而开展的教育活动。也就是说,凡是以培养人的创新素质、提高人的创新能力为主要目的的教育活动,都被称为创新教育。这种定义认为它是一种能力教育。

四、创业教育

创业教育由 enterprise education 翻译而来,是联合国教科文组织在 1989 年面向 21 世纪教育国际研讨会上提出的。大会指出,创业教育从广义上讲是为了培养具有开拓性的个人。杨爱杰认为,创业教育就是指培养学生创业意识、创业素质和创业技能的教育活动,以及教会学生创业的方法和途径。世界经济合作与发展组织专家柯林·博尔(Kirin Bor)在《学会关心:21世纪的教育》中总结道:创业教育通过提高学生创业的基本素质和能力,使学生具备从事创业实践活动所必需的知识、精神、能力和心理品质,是未来的人除学术性和职业性的"教育护照"之外应该掌握的第三本教育护照。郭丽君等人认为,创业教育包含三层目标:第一层目标是通过学习了解创业;第二层目标是通过学习成为具有创业品质、精神和能力的人;第三层目标是通过学习成为经营企业的创业家。也有部分学者认为,创业教育是一种培养学生从事工商企业活动的综合能力的教育,让学生从单纯的就业求职者成为职业岗位的缔造者,即创业者。而且,创业教育不仅仅是一种纯粹的、单纯以营利为目的的教育活动,更是渗透于人们生活的一种思维方式和行为理念。

创新教育与创业教育的目标取向是一致的,都是培养学生的创新精神和实践能力。创新教育注重的是对人的素质发展的总体把握,而创业教育则强调如何实现人的自我价值。

五、创新创业教育

(一)创新创业教育的含义

人们一般认为创新创业教育就是创业教育和创新教育的简单结合或者是对创业教育的一种革新。事实上,"创新创业教育"是我国创造性地将创新的理念和国外的创业教育有机结合在一起,由此而形成的一个全新的概念。许多学者都提出了自己对于"创新创业教育"一词的理解,但至今没有一个权威且明确的定义。1991年召开的东京创业创新教育国际会议从广义上将"创业创新教育"界定为:培养最具有开创性个性的人,包括首创精神、冒险精神、创业能力、独立工作能力以及技术、社交和管理技能的培养。也有专家认为高校创新创业教育的终极目标是培养大学生的创新创业基本素质,促进当代大学生的全面发展,因而是一种新型的教育模式。

本书认为,高校创新创业教育是指以全体大学生为发展对象的顺应新时代潮流的一种与时俱进的教育模式,是一种基于多种教育理念的全新的教育理念,目标则是培养当代大学生的创业精神和提高大学生创新创业能力。这种教育模式革新了传统的教育观念、将教学与产业紧密结合,使得当代大学生综合素质逐步提高,也顺应了信息经济时代的发展趋势。最重要的是,创新创业教育实现了从注重知识传授向重视创新素质培养的转变,为大学生的创业之路奠定了坚实的基础。

(二)创新创业教育的特点

创新创业教育总体上更着重提高高校学生的创新创业意识,更强调培养学生的创新精神,从而使他们能够积极主动地创建自己的事业,而不再仅仅是等待被别人选择,为他人打工。换句话说,就是实现了自身从被动地位到主动地位的角色转换。创新创业教育与传统教育模式虽有相同之处,但是二者还是存在差别的。具体来说,创新创业教育的特点有:

首先,相对于传统教育而言,创新创业教育主张以高校学生为对象有目的性地开设创新创业教育课程。一方面给那些想要创业的学生提供创业指导;另一方面给那些正在进行创业实践的学生提供关于企业经营管理方面的实践培训,如开设创业规划、创业实践、企业经营管理等课程。

其次,创新创业教育主要是通过实践,如开展各种关于创新创业项目的活动和比赛或是通过设立创新创业奖学金等形式，鼓励学生自发成立创业中心、协会、社团等，让学生更加直观地感受到创新创业的形式、意义，从而激发他们的创业兴趣。

最后，创新创业教育还要求各高校建设各类创业机构，如创新研究中心和创业中心，从而为学生进行创新创业实践提供平台。

（三）创业教育与创新教育的关系

1.创业教育与创新教育内容相通、目标一致、功能相同

总体上看，创业教育和创新教育的主要内容是相互贯通的，二者相辅相成：创新的基础是创业，因此创业实践成功与否是检验创新水平高低的标准；反过来讲，创业又是创新的物质载体及其集中表现形式。创新教育是以培养大学生创新精神和提高其创新能力为终极目标的新型教育，它强调的是人的全面发展。而创业教育是培养大学生自主创业意识和增强其创业能力的教育活动，它强调的是对创业主体进行创业基础知识的传授。二者既相互促进又彼此制约，辩证统一。创新教育重新定位教育的功能，而非仅仅变革教育方法及内容，是一场全局性和根本性的教育改革。

新时代的发展对高等教育提出新的要求：高校要培养出具有创业能力、创业素质的高质量人才。因为只有这样的人才能适应进程逐渐加快的信息经济时代，才能紧跟知识与经济越来越紧密结合的社会发展趋势。

2.创业教育是创新教育的深入

创业在某种程度上又是另一种创新，创业的过程往往伴随着创新，因为创新是创业的基础。一个社会主体要想进行创业，他就必须具有坚实的创业基础知识和敢于突破思维定式的创新精神、冒险精神，更重要的是要拥有良好的组织管理能力。由此可知，一个合格的创业者应该是一个具有综合能力的人，只有这样其才能担任起管理者和企业家等角色。因此，创业教育必然是创新教育的深入或具体化，它应当也完全可以在各方面渗入创新教育。

总之，创新教育与创业教育是相互促进而又彼此制约的关系，是密不可分的辩证统一体。

第二节　高校创新创业教育的分类与发展历程

一、高校创新创业教育的分类

（一）根据教育内容分类

根据高校创新创业教育内容的不同，我们可以对其进行进一步分类。这种分类有助于我们更好地了解高校创新创业教育的内涵和发展方向。

一种常见的分类方法是根据教育内容的结构和组织形式进行划分。根据这种分类标准，高校创新创业教育可以分为两种不同的类型，即理论教育和实践教育。

理论教育是指高校创新创业教育中侧重于传授相关知识和理论的教育。这种教育注重培养学生的创新思维能力和创业意识，通过课堂讲授、学术研究等方式，提供学生所需的知识基础和理论框架。理论教育的目的是让学生具备创新创业所需的理论知识和方法，为他们未来的创新创业实践打下坚实的基础。

实践教育强调学生在实践中学习和发展。高校创新创业教育将实践作为重要的教育手段，鼓励学生通过参与项目、实习、创业实践等途径，亲身体验创新创业的过程，锻炼创新创业的能力。实践教育的目的是培养学生的实践能力、团队协作能力和创业意识，使他们在实际操作中能够应对挑战并不断成长。

除按照教育内容的结构和组织形式来分类外，我们还可以根据教育内容的领域和范畴对高校创新创业教育进行分类。高校创新创业教育在内容上涉及的领域比较广泛，如科技创新、商业创新、社会创新等。根据这种分类标准，高校创新创业教育可分为不同的方向，这样能为学生提供更加个性化和有针对性的培养计划。

（二）根据教育方式分类

根据教育方式的不同，我们可以将高校创新创业教育分为以下几种类型：

一是实践导向型教育。这种教育方式注重学生的实践能力培养，通过开展实践项目、参与企业实习等，让学生亲身体验创新创业的过程与面对的挑战。实践导向型教育可以帮助学生深入了解创新创业的实际操作过程，使其在实践中积累经验。

二是综合能力培养型教育。这种教育方式注重培养学生的多元综合能力，包括创新思维、团队合作、沟通表达等方面的能力。通过学习跨学科的课程、参加创新创业竞赛等活动，学生可以在培养综合能力的过程中不断提升自己的创新创业素养。

三是交流互动型教育。这种教育方式鼓励学生与企业创业者进行交流互动，通过参观企业、与企业家座谈、参加行业创新创业活动等方式，学生可以与实际创新创业者接触，了解他们的故事。交流互动型教育能够激发学生的创新创业热情，拓宽他们的视野，并让学生从他人的实践中汲取灵感。

四是理论与实践相结合型教育。这种教育方式强调理论知识与实践能力的有机结合，旨在培养学生的综合素质。通过学习创新创业课程、参与实践项目，学生可以在理论与实践的交融中，逐步掌握创新创业的核心要素。

（三）根据教育对象分类

根据教育对象的不同特点和需求，我们可以对高校创新创业教育进行分类。这一分类方式旨在根据教育对象的不同属性和特征，有针对性地对其进行教育和培养，从而更好地促进其创新创业能力的发展。

首先，可以将高校创新创业教育的对象分为本科生和研究生两大类。针对本科生的创新创业教育，高校可以通过开设相关的课程并开展相关的实践活动，培养其创造力、团队合作能力和创业意识。通过参与项目实践和创业比赛等活动，本科生可以加深对创新创业过程的理解，提高实践能力。其次，在创新创业教育中，高校可以针对研究生开展特殊的教育和培养活动。研究生作为青年精英群体，已经具备较高的学术能力和较丰富的实践经验。因此，在培养研究生的创新创业能力时，高校应注重其专业技能和创新思维的培养。

（四）根据教育目标分类

根据教育的目标，我们可以将高校创新创业教育分为不同的类型。

第一，一种常见的高校创新创业教育目标是培养学生的创业意识和创业能力。在这种类型的教育中，学生将接受具体的创业培训和指导，了解创业的基本概念和步骤，学习如何制订商业计划和进行市场调研。学生通过参与实践项目，分析实际案例，可以逐渐培养创新创业的思维方式，提高实践能力。

第二，高校创新创业教育也可以以培养学生的创新能力为目标。创新能力不仅包括创造性思维，还涉及解决问题的能力以及适应变化的能力。这种类型的教育注重培养学生的创造能力。学生可通过参加各种创新实践活动和竞赛来激发创新潜能。

第三，一些高校的创新创业教育还注重培养学生的领导力和团队合作能力。这种类型的教育侧重将学生培养成为具有决策能力和组织能力的领导者，并且使其能够在团队合作中发挥协调和推动的作用。

第四，高校创新创业教育的一个重要目标是培养学生的创新创业素养和社会责任感。这种类型的教育注重让学生认识到创新创业不仅仅是为了寻求个人利益,还应该考虑到社会利益和环境的可持续发展。学生通过参与社会实践等活动,逐渐培养社会责任感。

二、高校创新创业教育的发展历程

(一)创新创业教育的起源

随着全球经济的快速发展和知识经济的兴起,社会对于具备创新创业能力人才的需求不断增加。为了培养具备创新创业能力的人才,各个国家纷纷开始探索创新创业教育。

在我国,创新创业教育的起源可以追溯到改革开放初期。当时,为了适应社会发展和推动经济体制改革,我国开始实施创新创业教育,培养具备创新思维和创业精神的人才。这一政策得到了高校的积极响应,为后来的创新创业教育发展奠定了基础。

随着时间的推移,高校创新创业教育不断发展和完善。从起初的针对少数学生的培养,逐渐发展为面向全体学生、全员育人的教育模式。这一转变的背后,是社会对于创新创业需求的不断增加。

在发展过程中,我国的创新创业教育也遇到了一些问题和挑战。比如,一些高校仍然停留在知识传授的阶段,对于创新创业教育的深入实施还存在一定的困难;同时,与产业结合的程度不够,高校和企业之间的合作仍然存在一定的障碍。创新创业教育发展的关键是解决这些问题。

(二)创新创业教育的发展阶段

创新创业教育作为一种重要的教育形式,经历了多个发展阶段。创新创业教育在各个阶段的发展既受到教育理念转变的影响,也受到社会经济环境变化的影响。

　　创新创业教育的初始阶段可以追溯到 20 世纪 70 年代末。在这个阶段，高校对创新创业的重视程度相对较低，相关教育资源和政策也相对较少。创新创业教育的目标并不明确，学生的实践机会非常有限。

　　随着社会经济的快速发展和经济全球化进程的加快，高校创新创业教育进入了一个新的阶段。从 20 世纪 90 年代开始，高校逐渐认识到创新创业的重要性，开始在课程设置、实践活动等方面进行改革。这一阶段，创新创业观念得到普及，越来越多的高校开始将创新创业教育纳入课程体系，并提供更多的实践机会，以培养学生的创新能力和创业意识。

　　进入 21 世纪，高校创新创业教育迈入了全面发展的阶段。高校积极探索创新创业教育的新模式，加强与企业和社会的合作，为学生提供更多的创新实践机会。创新创业教育的理论研究也不断深入，相关政策的出台对创新创业教育的发展起到了推动作用。同时，国家和地方政府也加大了对高校创新创业教育的支持力度，为高校提供了更多的资源和机会。

第三节　高校创新创业教育的理论基础

一、创造力理论和三螺旋理论

（一）创造力理论

　　创造力是人类特有的一种能力，是一种能够发现新思想和新事物的能力，是一个人的心理品质或者复杂的心理活动，个体在此基础上才能完成某种创造性活动。比如，发明新技术、新设备等都是创造力的集中体现。独特性和新颖性是人的创造力区别于其他能力的显著特征。学术界普遍认为，创造力是创造性思维的产物，是一种由智力、知识和个人品质等因素形成的综合性本领，由此可知创造力主要由以下几个方面构成：

第一，知识。创造力的基础就是知识，任何创造都是以知识为基础和前提的，没有知识就没有创造。换句话说就是只有在充足的知识基础上才能提出创造性方法。

第二，智力。智力的核心是创造性思维能力。人们所说的智力通常是人的一般性精神能力，即一种人在认识和理解客观存在的事物的基础上运用所学知识和经验去解决问题的能力。它包括理解、判断和解决问题的能力，以及抽象思维、表达和学习的能力。

第三，个人品质。个人品质包括意志、情操等方面。品质是指一个人在道德情操以及意志力等方面的综合表现，它是个体在特定的条件下借助社会实践活动所表现出的综合素质。良好的个人品质，如顽强的意志力和进取心，有助于个体充分发挥创造力。

当前高校开设的创新创业教育课程主要以开发学生的创造力为基础，创造力理论为高校创新创业教育的开展及改革提供了理论依据。

（二）三螺旋理论

20 世纪 90 年代后，国外许多学者对政府、高校以及企业的协同合作进行了建模分析，他们试图研究一种新型的理论。三螺旋理论最早是由英国学者罗伊特·雷德斯多夫（Loet Leydesdorff）和美国学者亨利·埃茨科维兹（Henry Etzkowitz）于 20 世纪 90 年代提出来的。该理论强调的是政府、高校、企业三者之间的共同协作与配合。通过分析，我们不难发现，在三螺旋理论模型中，政府、高校、企业三者之间的关系越发密切，更重要的是它们之间是相互促进、共同发展而非恶意竞争的积极关系。

首先，高校对企业和政府有积极的反向作用。比如，高校一方面可以通过政府与企业来找到自身发展的方向，探索整个社会的发展动力，从而更好地规划自身的教学计划。另一方面，高校自身的科研成就也能通过某种市场化方式使政府和企业共享收益，这样一来就保证了高校、政府、企业三者之间的良性互动和发展。

其次，从企业角度出发，企业的发展同样也对高校和社会有积极的反向作用。通常，企业的健康发展需要高校现有的科研成果的支持，而高校大量的科研项目刚好满足了企业在这方面的需求。一方面，企业可以利用自身的优势，如良好的经营管理能力和强大的营销推广能力等，将那些由高校提供的比较具有价值的科研成果市场化，从而实现自身利益的最大化。另一方面，企业实现了自身利益的最大化后，还可以反过来支持高校科研人员的工作，给他们提供资金或资源方面的帮助，从而更好地协助高校科研人员攻破技术难题，这将在一定程度上对国家高新技术的发展起到推动作用。而政府作为国家行政机关，整体上起到了宏观调控的作用，因此政府可以作为第三方来支持企业与高校的协同发展并合理解决企业和高校之间存在的社会性问题，如二者因性质不同而产生的摩擦，并出台一些恰当的、能推动二者良性发展的政策，从各个方面为高校和企业间的良性互动与合作扫清障碍。

综上所述，政府、企业和高校之间是不可分割的利益共同体，简单来说就是一种互惠互利的关系：高校通过开设有关创新创业的教育课程来提高高校学生的创新创业基本素质；企业则是从资金、设备等方面支持高校学生去自主创业；政府作为第三方起着平衡企业和高校的中介作用，通过制定恰当的创业发展优惠支持政策，促进高校和企业间的合作。这三个主体都充分利用各自优势来相互协作，形成一个上升的新型螺旋体。

二、协同创新理论与"2011 计划"

(一)协同创新理论

"创新"最早是由熊彼特提出来的,他主要是从经济学的角度来定义"创新"的,认为"创新"是一个经济而非技术概念,是对新产品或新过程的一种商业化,就是将一种全新的有关生产要素与条件的组合用于生产体系,从而建立一个新的生产函数。它不只是指科学技术上的发明,更多的是将业已存在的科技应用到企业中去,形成一种全新的以营利为目的的生产能力。与之前相比,它的功能或效率得到了明显的增强,更关键的是它能够在整个创新过程中取得超额的经济利益和社会价值,同时还能够不断地促进科学技术和生产资料的革新。这就是所谓"协同创新"。具体来讲,协同创新就是一种以知识增值为核心的创新机制,是组织内部形成的一种关于技术、知识、能力等方面的分享机制,是为了最大限度地取得重大科技成果创新而由政府、企业和高校等主体建立起来的大跨度整合的创新组织模式,是对创新要素和资源进行的集中整合,从而能够打破各个创新主体间的隔阂并实现彼此关于信息、资本、人才、技术等方面的深入合作。在协同创新的机制下,每个相对独立的创新主体拥有着共同的奋斗目标,通过多种方式进行沟通协作,并依靠现代化信息技术去搭建一个资源共享的平台。

随着全球经济的快速发展、科学技术的进步和日益成熟,不同的学科间以及科学技术和社会经济间的联系越来越密切。比较重大的科学技术创新或者工程的创新常常需要配备先进的科研仪器、组建优秀的科研队伍,但是基于复合学科的"联合创作"却是当今知识信息时代最需要的创新——协同创新。在新时期,协同创新对我国高校开展创新创业教育也同样具有现实意义:开展"协同创新"有利于我国在全面把握当今全球范围内科学技术创新的新趋势的基础上更有效地、更充分地发挥每个创新要素的"综合效应",从而实现创新资源的优化配置。总而言之，协同创新机制为我国高校新时期顺利开展创新创业教育提供了最基础的理论指导。

协同创新从整体上来讲是一个比较复杂的创新组织模式。在这种创新模式下，高校、企业以及研究机构是核心要素，政府、金融机构以及中介组织等"实践平台"或者说非营利性组织是辅助要素，这些"知识创造主体"和"技术创新主体"彼此纵向合作并对资源进行某种整合。这样，一种"系统叠加"的非线性效用就会随之出现。发展协同创新就要大力发展科学技术，不断提出创新办法和思路，建立一个分工明确、权责明确的实践平台，不断推动科技创新，从而不断提高综合竞争力，在创新实践中不断取得"新技术""新知识"以及"新工艺"等方面的科研成绩。

大体上，协同创新理论的主要特点有：

一是整体性。协同创新强调要充分发挥每个创新要素的"综合效应"，从而实现创新资源的优化配置，由此可知它需要的并不是各要素的简单相加而是各要素之间的紧密结合。

二是动态性。协同创新从整体上来讲是一项比较复杂的创新组织模式，而这个模式要求形成一种多元主体参与的协同创新、良性互动的氛围，高校和科研机构等"知识创造主体"和企业等"技术创新主体"彼此深入合作，进行资源整合。这个过程必然是动态的、不断变化的。

（二）"2011 计划"

"2011 计划"是"高等学校创新能力提升计划"的简称，这个周期为四年的计划于 2012 年正式启动实施，以构建协同创新模式、推动我国高校与政府以及企业的合作、营造一种协同创新的氛围为目标去建立一批"2011 协同创新中心"。此外，"2011 计划"还要求国内各高校以"国家急需、世界一流"为终极发展目标，争取以协同创新来引领当今知识经济新时代的方向，从而提升高校的整体创新能力；让高校能够在推动国内教育事业发展的战略高度上努力提升自身"科技、人才与课程"三位一体的创新能力。而我国高校作为培养创新创业人才的摇篮，发挥其在社会创新发展进程中的重要作用十分关键。总而言之，"2011 计划"协同创新模式是以推动我国高校与政府、企业的合作，营造一种协同创新的氛围为目标的创新模式，同时也是一种面向学科前沿、社会发展的创新模式。

三、个性化教育理论和人的全面发展理论

（一）个性化教育理论

所谓个性化，是指随着身心的发展和成熟，一个人越来越显示出与他人相区别的、独特的人格特征。个性化教育最大的特点就是承认受教育者在各个方面存在差异，在此基础上为个体制定特定的发展方案，从而让个体能够更快更好地适应新的教育模式，继而促进个体的全面发展。

这种理论同样适用于高校创新创业教育。在进行创新创业教育的过程中，高校应依托个性化教育理论，立足现实情况，从个体的个性出发，有针对性地设计适合个体的发展方案，具体包括教育的模式、内容、目标等，充分发挥高校自身的资源优势，突破传统的教育模式，从而使学生的个性得到充分发挥，最终实现学生的全面发展，以使其更好、更快地适应信息经济时代的发展。

（二）人的全面发展理论

马克思提出的人的全面发展理论建立在脑力劳动与体力劳动相结合的基础之上，是以历史唯物主义为基础的、科学的世界观。马克思关于人的全面发展的理论包括三个方面的内容：首先，人的全面发展是人的体力和智力的充分发展；其次，人的全面发展是个体的情感和道德的充分发展；最后，人的全面发

展还表现为美感的充分发展。马克思认为，人的全面发展的本质是充分、自由、全面地占有人类物质和精神文化成果，是人在体力、智力、情感和审美情趣诸方面协调和谐的发展。马克思的这一理论对高校培养创新型人才具有重大的指导意义。

事实上，个性化教育和人的全面发展这两种教育理论是相辅相成的关系：二者既有相通之处，又有各自的不同之处。比如，个性化教育理论主要强调的是个体个性的发展，从这方面讲它是人的全面发展理论的一个方面；而人的全面发展理论则更注重个体全面的、整体的、全方位的发展。二者之间并不是相互排斥的关系，而是共性与个性，你中有我、我中有你的渗透或结合的关系。

高校创新创业教育就是要在了解学生个体发展规律的前提下促进其在德智体美劳等方面的全面发展。

第四节　高校创新创业教育的必要性

一、高校推进自身建设改革的需要

开展大学生创新创业教育对高校自身的建设与改革无疑起着至关重要的作用。高等教育是否具有前瞻性、实用性、系统性，直接关系到高校能否为社会输送符合要求的高技能人才。目前，高校教育结构和培养目标的调整相对滞后，高校应按照人才培养方案的要求，严格遵循教育教学规律，体现高等教育的特点及时代发展的要求，做出从传统的"接受继承"教育模式转为以"创新创业"为主的新型教育模式的重大转变。大力推进创新创业教育是高校积极应对经济发展要求的表现,是市场经济条件下高校培养高素质创新创业人才的必然选择。

高校承担着培养高素质人才的重任,推进创新创业教育是全社会的事情,更是高校义不容辞的责任。这对我国高等教育而言,既是挑战,也是机遇。

高校的根本任务是培养人才。部分学生适应社会和就业创业能力不强,创新型、实用型、复合型人才短缺,这是我国高等教育当前面临的严峻的现实问题。当今世界各国都已充分认识到高校在创新型国家建设中具有提供有力的人才保障和智力支持的重要作用,并把高校作为国家创新体系的重要组成部分,大力推进创新创业教育。

高校不仅是传播知识、培养人才、发展科学技术的场所,也是哺育知识型企业的重要依托。所以说,高校应顺应时代要求,深化改革,大力推进创新创业教育。

二、培养创新创业人才的需要

知识经济时代的发展使得创新型人才成为高校培养的目标,而创新创业教育是培养大批创新型高素质人才的重要手段。以知识、信息和能力为主要支撑的知识经济,为大学生创业提供了现实可能性,同时也对大学生各方面的能力提出了更高的要求。

自人类进入知识经济时代,创新就一直成为知识经济发展的核心动力,也是提高综合国力的重要武器。建设创新型国家的关键是培养创新型人才,切实有效的创新创业教育不仅对经济的快速发展起着极强的推动作用,同时,对构建和谐社会来说也是必要之举,以创新为核心的创业精神在新创企业和已存在的企业中都被看成非常重要的竞争因素。

在百所大学校领导聚首中南大学畅谈高校创新创业教育的会议上,大家一致认为高等教育持续发展的重点是提高人才培养的质量,而提高人才培养质量的重点在于培养创新创业人才。所以，在全面提高大学生素质的基础上，高校还应重点培养学生的创新精神和创造能力，不仅要为社会输送各种合格的技术应用型人才，还应为国家培养优秀的创新创业人才。

三、缓解大学生就业压力的需要

近年来，随着我国高校毕业生人数的不断增加，就业压力增大成为全社会关注的焦点，这就需要学生、家长、教师都保持清醒的头脑，正确认识和处理该问题。为了使高校毕业生顺利走上工作岗位，国家除了确定"劳动者自主就业、市场调节就业、政府促进就业和鼓励创业"的方针，还出台了一系列支持和鼓励大学生创业的政策。一部分大学生成为自主创业者，不仅可以解决自己的就业问题，还可以为社会其他人员提供更多的就业岗位，这对缓解我国大学生就业压力具有非常重要的现实意义。

鼓励大学生树立创新创业意识，使有开发潜力的学生真正走上创新创业的道路，这也是他们能够很快融入社会、服务社会的前提。大学生接受过高等教育，是自己未来的创造者，也是最具创新创业潜力的精英群体。通过接受一定的创新创业教育，大学生能够提高自身的创新创业能力。

深化高校创新创业教育改革，是国家实施创新驱动发展战略、促进经济提质增效升级的迫切需要，是推进高等教育综合改革、促进高校毕业生创业就业的重要举措。近年来，高校创新创业教育不断加强，在提高高等教育质量、促进学生全面发展、推动毕业生创业就业、服务国家现代化建设方面发挥了重要作用。

第二章 大学生创新创业能力培养

第一节 大学生创新创业能力及其培养的意义

一、大学生创新创业能力概述

创新能力是运用知识和理论,在科学、艺术、技术和各种实践活动领域不断提供具有经济价值、社会价值、生态价值的新思想、新理论、新方法和新发明的能力。创新是一个民族进步的灵魂,是一个国家兴旺发达的不竭动力。当今社会的竞争,与其说是人才的竞争,不如说是人的创造力的竞争。实施创造性教育,开发大学生的创造能力,是高校创新创业教育面临的一个新的课题。

(一)认识创造能力

现代心理学认为,创造力就是根据一定目的,运用已知信息,产生出某种新颖、独特、有社会价值的产品的能力。创造又分为真创造和类创造两种:真创造是科学家和其他创造发明者最终产生对人类来说是新的知识和有社会价值的产品的能力;类创造是对个体而言的,其思维产品只对个人来说是新的,而对人类来说是已知的。大学生的创造大多属于类创造,虽然与科学家的创造有些不同,但有相似之处。

1. 人人都能创造

首先，创造并不神秘，创造能力并不仅限于少数天才，事实上，每个人都有创造的潜能，需要的只是把它激发出来并加以发展，那种认为"创造是科学家的事情，与普通人无关"的观念是把创造能力神秘化了。

其次，创造并不是高不可攀的，创造能力不仅表现在较为罕见的真创造之中，而且表现在更为常见的类创造之中。学生经过独立思考得出的新的观点、想法和结论都可以称为创造，可见，创造离我们并不遥远。

最后，虽然每一个人的创造能力有大有小，但这种差异是正常的，并不等同于不能创造。

2. 大学阶段是培养创造能力的重要时期

心理学研究表明，人人都有创造力，但表现在每个人身上的创造力的大小，除了部分受遗传因素影响，其他的主要取决于后天创造力开发的程度。大学阶段，学生身心发展较快，逐步走向成熟，正是创造力形成和大发展的重要时期，如果精心培养就会结出丰硕的果实，如果长期压抑就可能丧失这种能力。虽然大学生掌握的知识还较少，但他们受到条条框框的约束也少，具有更广阔的想象和创造的空间，这些都利于创造能力的发展。

（二）创业能力的内涵

高耀丽指出，创业能力是指将自己或他人的科研成果或市场创意转为现实生产力的能力，具体包括专业知识运用能力、创新能力、社会能力（捕捉市场信息及市场分析的能力、经营管理及理财能力、人际交往能力、团队合作能力、发现人才和使用人才的能力、适应变化和承受挫折的能力）等。在这里，专业知识运用能力是构成创业能力的前提，创新能力是创业能力的基础，社会能力是创业能力的核心。

毛家瑞等指出，创业能力包括专业职业能力、经营管理能力、综合性能力，其中综合性能力又包括发现机会、把握机会、利用机会、创造机会的能力、收集信息、处理加工信息、综合利用信息的能力，适应变化、利用变化、驾驭变化的能力，非常规性的决策和用人的能力等。

综上所述，大学生创业能力是指大学生在创办企业的过程中所具备的能够经营管理企业的能力，包括创新能力、利用知识的能力以及综合性能力。而且，创业能力的开发与培养应该以创新能力为保障，以创业意愿为前提，以创业教育为核心，以创业环境为基础。

（三）大学生创新创业个性品质

个性，或称为个性特质，是指一个人在一定的社会条件和教育影响下形成的比较固定的特性。只有一个具有创新品质的人才有可能去进行一系列创新活动。一个人的创新品质包括拥有强烈的好奇心、积极主动地学习、敢于质疑、敢于竞争、勤奋求实等。

1.拥有强烈的好奇心

好奇心是人们发现和认识世界的驱动力。耶鲁大学社会心理学家罗伯特·斯坦伯格（Robert J. Sternberg）发现，个性中的兴趣和动机是促使人们从事创造性活动的驱动力。而兴趣源于人们对事物的好奇心，是个体进行创造性思维的内驱力。兴趣和动机可以使个体集中注意于所从事的创造性活动上。

2.积极主动地学习

传统的教育以机械、模仿、循规蹈矩的学习方法为主，这使学生养成了被动接受的学习习惯，缺乏灵活多变和主动的学习训练。知识经济时代瞬息万变，产品更新换代很快，只有培养学生积极主动的学习习惯，才能使其不断进行探究式学习，才能使其不断创新，跟上时代的步伐。

3.敢于质疑

没有怀疑，哪来创新？只有善于发现问题，才有创新的可能性。质疑精神促使人们发现问题，而创新精神则促使人们进一步解决问题。

4.敢于竞争

商品经济社会充满各种商机，也充满各种竞争和压力，要想在这种环境下创业，除了要有一定的经济眼光，还必须有过人的胆识与勇气。在充分的市场调研后，是否敢于将自己的计划付诸行动，是决定一个人创业能否顺利开始的第一步，创业需要的是敢于竞争与冒险的精神。

5.勤奋求实

创业仅仅有胆略和勇气是不够的，在此基础上，必须一步一个脚印，要有勤奋求实的态度。只有具备了这种态度，才能将创业想法落到实处。

二、培养大学生创新创业能力的意义

（一）有助于缓解大学生就业压力

近年来，我国高等教育规模不断扩大，再加上国内外形势又出现很多新变化，保持经济平稳运行难度加大。在此背景下，大学生的就业压力也不断增大，就业形势日趋严峻。如果大学生就业难问题长期得不到解决，就很可能从一个经济问题转变为一个敏感的政治问题、社会问题，最终可能影响社会的稳定。新时代背景下，鼓励和支持大学生创新创业，培养大学生创新创业能力，对于激发大学生创新创业活力，缓解大学生就业压力具有重要意义。

1.拓宽大学生就业渠道

一部分大学生在毕业后会选择自主创业，这可在一定程度上缓解大学生就业压力，同时也会对新兴产业崛起和社会经济发展产生积极影响。培养大学生的创新创业能力，能让大学生的能力体系更符合市场需求。并且，培养大学生的创新创业能力并不是要求所有大学生都去创业，而是在带领大学生学习理论知识、开展实践活动的过程中发现具备创新创业能力的大学生，并使其在系统、完善的培训体系中充分发掘自身的潜能，拓宽大学生的就业渠道。可见，高校在实施创新创业教育中积极培养大学生的创新创业能力是确保创新创业教育有效性的前提。

2.帮助大学生更好地适应市场需求

新时代背景下，市场用人需求发生了新的变化，更注重大学生是否具备学习能力、语言表达能力、团队合作能力、人际交往能力、创新能力等。同时，各用人单位引进人才的目的是为自身的发展注入活力，因此大部分用人单位不仅要求人才满足基本的岗位需求、具备实现任务目标的能力，还要求人才能高效地完成自身工作，勇于创新，敢于采用新方法、新理念开展工作。培养大学生的创新创业能力可促进大学生的全面发展、健康成长。

（二）有助于促进大学生多样化发展

创新创业为大学生提供了更多的人生选择。新时代背景下，创新创业能让大学生充分施展自己的才华，让他们在创新创业中获得锻炼，从而实现自己的社会价值。

首先，创新创业可以激发大学生的潜能。实践证明，大学生作为最有可能掌握先进科学技术的创新创业人才，是最具潜力的社会资源。创新创业活动有助于激发大学生的潜能，从而促进大学生的全面发展。因此，高校要积极鼓励和支持大学生创新创业，激发大学生的创新活力，释放大学生的创新潜能。

其次，创新创业能促进大学生不断提高自身的素质。创新创业活动能为大学生提供更加广阔的舞台。新时代背景下，大学生创新创业者要结合自身实际，不断汲取新知识、增长才干，在创新创业活动中不断提高自己的实践水平，进而提高自身的综合素质。另外，大学生参与创新创业活动，有利于实现自身的多样化发展。

第二节 转变培养理念，调整培养策略

高校作为培养创新创业人才的重要阵地，是"大众创业、万众创新"战略得以顺利实施的关键，各高校应积极转变培养理念，调整培养策略，为国家培养出更多创新创业人才。

一、转变培养大学生创新创业能力的理念

（一）重视创新创业教育，提高其在教育体系中的地位

高校肩负着为社会培养和输送人才的职责，部分接受过高等教育的专业人才以专业化的方式推进了各行各业的进步与发展。当前，如何推动技术变革与产业升级成为经济社会发展的重要命题。

相关文件指出，要坚持强化关键领域、优化资源配置、凸显示范引领，以深化课程、师资等重点领域改革为主线，深入推进创新创业教育与专业教育、思想政治教育、职业道德教育紧密结合，深层次融入人才培养全过程。可见，在新时代背景下，创新创业教育不仅仅是一种全新的教育观念，它要求高校大胆探索实践，深入推进创新创业教育改革。

人才培养的目标是多样性的，当今时代，高校培养的人才应具有综合性，即拥有多种技能，具备扎实的基础知识，有较强的社会适应能力。高校教育不仅是传授专业知识与技能，更应该传授生存理念和创新意识，培养学生的创新能力。尤其是在就业形势日趋严峻的情况下，高校教育急需提高学生的创新创业能力，所以重视创新创业教育，提升其在教育体系中的地位，就显得很有必要。

改变教育理念，是培养大学生创新创业能力的前提。我国高校大多具备

完善的学科体系，在教学中以培养适应我国社会经济发展所需的就业者为目标。在这样的教育模式下，终身性职业的观念深入人心，随着新型教育理念的兴起，以及世界范围内的劳动力就业市场的变化和科技的发展，原有的就业观念已不能适应时代的要求。因而，高校应跳出旧有学科体系的藩篱，积极引入创新创业教育理念，培养学生的创新精神；在传授专业知识和技能的同时，将培养学生的实践能力及创新能力纳入教学过程中，使学生勇于创新、艰苦奋斗、把握机会、敢于创业。高校还应培养学生主动发现创业机会的能力，要让学生找到实现人生价值、承担社会责任的理想途径。

（二）以培养广义的创业者为目标，把握教育价值取向

从目前我国高校创新创业教育的现状来看，其可以分为广义的高校创新创业教育和狭义的高校创新创业教育两类。狭义的高校创新创业教育是以创业者为主体进行的，最终达到培养的目的，而最终要达到的效果就是培养创新创业者。可以说，狭义的高校创新创业教育也包括开设课程、提供资金等环节，但前提是学生具有创新创业能力，也就是说，狭义的高校创新创业教育只针对有创新创业能力的学生而言，或者说只按照既定的单一目标培养学生。而广义的高校创新创业教育，培养的是学生的综合素质，是以创新的方式和思维，培养学生的企业家精神，让学生树立正确的创新创业价值取向，帮助他们形成以国家利益为主的事业观念，等等。

高校应以培养广义的创业者为目标，正确把握教育价值取向。具体来说，高校应从课程体系、教学内容、教学方法等方面着手，全面推行改革，探索新方式。此外，高校还应开设以实践基地和网络创业为代表的第二课堂，全面培养学生的创业能力。另外，高校不能简单地将创办企业的数量作为唯一的评判标准。在创新创业教育过程中，高校应以学生为主体，引导学生去思考，并在课堂中针对学生容易出现的问题，进行总结和反思，最终让学生在实现自身价值的同时，为国家贡献自己的力量。

（三）与家庭教育结合，转变家庭教育观念

家庭环境对人的影响是终身的，尤其在心理素质培养、人格品质养成方面，其影响力是学校及社会教育无法比拟的。因此，家庭教育对学生养成健康的心态、宽容的性格、对新鲜事物的钻研精神等都是非常重要的。目前，高校的创新创业教育未能充分发挥家庭教育的作用，这在一定程度上影响了学生的全面发展。在具体实践中，高校可从以下方面着手：

第一，高校要与家长加强沟通。高校要让家长了解学生的想法，了解学生的优缺点，这样才能更加有目的地对学生进行教育。学校和家长应共同努力，如此才能更好地教育学生，挖掘他们的创新潜能，为培养学生的创新创业精神打下坚实的基础。

第二，条件成熟的高校可以组织家长相互交流，尤其要加强与农村学生家长的交流。高校应让家长从思想上接受学生创新创业的理念，可以列举一些实例，让他们看到创新创业对提升学生各方面能力的促进作用，从而从心理上接受这种育人模式，真正支持学生创新创业。

第三，引导家长尊重学生的选择。高校要引导家长多鼓励学生参加社会实践活动，如知识援助、创业技能大赛等，培养学生的适应能力和动手能力。另外，高校还要告知家长，不要挫伤学生的积极性，要让学生迎难而上，培养他们坚强的意志和顽强的品格，因为这些都是创新创业所必需的。

二、调整培养大学生创新创业能力的策略

（一）构建大学生创新创业能力培养体系

首先，整合教育资源。高校应充分发挥创新创业课堂在大学生创新创业能力培养中的重要作用，整合社会、合作企业等方面的资源，并制定相关激励制度，鼓励专业课教师、辅导员、教学管理工作人员等积极参与到创新创

业能力培养工作中。同时，高校还应强化与地方政府、社会企业的合作，统筹高校各部门在大学生创新创业能力培养中的工作职责，构建由高校主导、政府和企业配合的创新创业能力培养体系，充分发挥高校的教育职能，打造全员参与、全社会协助的创新创业能力培养格局，集中各类教育资源。

其次，构建"四位一体"的课程体系。新时代背景下，高校应将强化大学生创新创业意识作为核心，将相关内容融入创新创业课、专业课、职业规划课中。在创新创业课中，高校应依托大学生创业孵化园的背景，感染学生；在专业课中，高校应将创新创业教育适时融入专业课的教学内容中，让大学生树立创新创业理念。另外，高校还应加大开展职业规划课的力度，完善创新创业能力培养的课程体系。

最后，完善实践教学体系。其一，高校应构建实践教学组织保障机制。实践教学是系统性工程，需要高校各部门与教师密切配合；并且，校领导需高度重视实践教学工作，确保实践教学工作能够真正贯穿大学生创新创业能力培养的全过程。其二，夯实制度保障。高校应完善实践教学各项制度，确保实践教学工作有章可循，有据可依。其三，建设实践教学基地。高校应积极建设大学生创业孵化园、虚拟仿真实验中心等校内实践中心，充分满足大学生多样化的实践需求，全面培养大学生的实践能力。其四，与社会、企业携手举办创新创业大赛，丰富创新创业实践形式，为大学生搭建与其他学生沟通交流的平台，拓宽大学生的视野。

（二）充分发挥思想政治教育的导向作用

高校应将大学生创新创业能力培养工作与思想政治教育相融合，依托思想政治教育的导向作用推动创新创业教育发展。各高校的思想政治教育工作经验丰富，已形成完善、系统的思想政治教育体系，可为高校开展大学生创新创业能力培养工作提供理论指导与实践平台。在思政课上，高校应将创新创业相关内容适时融入其中，丰富思政课的教学内容，从思想政治教育的角度拓展大学生的思维。在思想政治教育实践活动中，高校应将创新创业实践活动作为开展思想政治教育实践活动的载体，在强化大学生实践能力的过程中培养大学生独立思考的能力。高校应引导辅导员与思政课教师关注大学生在创新创业能力提升过程中的思想动态，及时帮助大学生调节心情、缓解压力，帮助大学生解决在创新创业知识学习过程中遇到的问题。同时，高校思政课教师应与创新创业教师携手建设第二课堂实践基地，以思想政治教育为引领，以提升创新创业能力为核心，在培养大学生实践能力的同时提高大学生的思想道德水平，促进大学生全面发展。

（三）优化创新创业能力培养环境

优化外部环境是高校开展大学生创新创业能力培养工作的基础。

首先，高校应激发大学生潜藏的创新创业动力，帮助大学生看到自己更多的可能性，引导大学生树立正确的观念。由此可见，在培养大学生创新创业能力的过程中，高校应激发大学生的内在驱动力，引导大学生紧跟时代步伐，提升自身综合实力，将个人发展与社会发展相结合，在创新创业教育中充分发挥自身的能动性。

其次，打造大学生创新创业生态循环系统，将高校自发与企业自觉相结合，使高校与企业在大学生创新创业能力培养工作中充分发挥自身价值，形成培养合力。在此过程中，高校应确保企业在创新创业能力培养工作中的利益诉求，使高校与企业实现互利共生、和谐共存。同时，高校与企业应主动进行自我调节和自我更新，确保高校与企业在创新创业生态循环系统中充分发挥作用。在创新创业生态循环系统中，高校与企业应合理分配自身的资源，培养出更多创新创业人才。

第三章　大学生创新创业的准备

第一节　心理准备

大学生创新创业是一项极具挑战的工作，面临着许多不确定因素。大学生要想在创新创业的道路上走得更远，必须做好心理准备。

一、不怕失败，敢于冒险

不论何时，创新创业都是存在风险的，选择了创业，就要有迎接失败的心理准备。创新创业需要胆量，需要冒险。这里所说的冒险，不是去"闯红灯""闯禁区"，更不是违反国家法律法规，而是指在不违反法律法规的前提下，勇于突破常规，敢于创新创业。

创新创业需要一种永不服输的精神。创新创业的道路上充满了艰难险阻，克服一切困难，不达目的誓不罢休，是创新创业成功的重要保证。从无到有、从小到大、从弱到强，创新创业总是艰难而充满风险的，但是有雄心、有抱负的创新创业者从来不会被失败吓倒，更不会放弃自己追求的事业。冒险精神是创新创业者精神的一个重要组成部分。创新创业者有的不是"三思而后行"，而是"铤而走险"，而正是他们"铤而走险"，才开创了成功的事业。

不少成功的创新创业者都具有天生的冒险精神。除了敢于冒风险，创新创业者还要有丰富的知识、超常的想象力和创造性思维，厚积薄发。创新创业过程中的很多决策具有难度大、风险高的特点。所以，创新创业者要富有想象力，在对立思想的交锋和不同观点的碰撞中培养自己的决策能力和风险意识。

二、自信、积极、乐观的心态

自信是一种强烈的情感，是对自己的充分信任和肯定。有了这种强烈的情感，创新创业者才能够克服重重困难，朝着自己所选的目标坚定地走下去，也才能够感染其他人，给周围的人以勇气和信心，从而创造团结、和谐、朝气蓬勃的企业氛围。只有相信自己，大学生才能找到属于自己的一片天地，为事业的成功打下基础。

创新创业的过程是艰辛的，挫折和失败在所难免。一些人经不起困难的折磨、失败的打击，心灰意冷，沉浸在悲观的情绪中无法自拔，并且会因恐惧、怀疑、失望而丧失斗志，致使自己多年来的计划毁于一旦。只有身处逆境而能保持乐观的人，才具有获得成功的潜质。其实，只要我们有乐观的心态，困难和挫折都是可以克服的。

三、坚定的信念

创新创业者要有极强的心理承受能力，要有坚韧不拔的意志，能承受失败的挫折，特别是要有超越自我的坚定信念。积极进取的人才可能创业成功。任何一个成功者心中都有一个伟大的梦想。理想驱动着他们前进，理想让他们不畏艰险，理想让他们敢于挑战权威，理想让他们锐意进取，更是理想让他们在一般人不敢或不能涉足的领域创造奇迹。我们应该知道，世界上最快乐的事，莫过于为理想奋斗。

四、创新意识和创业能力

创新创业者往往具有求异思维，他们从来不满足于现状，不迷信权威。因此，创新创业者普遍具有创新意识。这种意识能帮助创新创业者在寻常人不容易注意到的领域发现机会，或者在别人被动等待时，他们能主动去思考解决问题的方法。

创新创业能力是指在一定的条件下，人们发现和捕获商机，将各种资源组合起来并创造出更大价值的能力，即潜在的创新创业者将自己的创新创业设想成功变为现实的能力。很多时候，创新创业能否成功取决于创新创业者创业能力的高低。在同样的环境下，创新创业能力越强的人抓住机遇、成功创业的可能性就越大。

第二节 知识准备

大学生创新创业要做的第二项准备工作是储备知识。一般来说，大学生创新创业除了要具备某一专业知识，还要具备创新思维与创新方法、企业组织管理知识、企业战略管理知识、市场营销知识、生产运作管理知识和企业财务管理知识等。下面主要对大学生创新创业所应具备的共性知识进行论述。

一、创新思维与创新方法

（一）创新思维

1. 创新思维的概念及特征

（1）创新思维的概念

思维是指在表象、概念的基础上进行分析、综合、判断、推理等认识活动的过程，或者说是指向理性的各种认识活动。人们在工作、学习、生活中每逢遇到问题，总要"想一想"，这种"想"就是思维。我们通常所说的概念、判断、推理都是思维的基本形式。

创新思维是指以新颖独创的方法解决问题的思维过程，通过这种思维方式，人们能突破常规思维的界限，以超常规甚至反常规的方法、视角去思考问题，提出与众不同的解决方案，从而产生新颖的、独到的、有社会意义的思维成果。简言之，凡是突破传统思维习惯，以新颖独创的方法解决问题的思维过程，都可以称为创新思维。

（2）创新思维的特征

创新思维主要有以下几个特征：

一是独创性。思维主体在认识事物、解决问题时，不局限于原有的经验和知识，能够突破常规思维方式的束缚，实现认识或实践的飞跃。

二是灵活性。思维主体的思维活动不受思维定式的束缚，不恪守某种特定的秩序，其思维方式没有固定的框架，允许思维的自由跳跃。思维主体往往借助直觉和灵感，以突发式、飞跃式的思维方式寻找问题的答案。

三是综合性。主要是指对已有思维方法和理论成果的综合运用，同时也指对多种思维方法的综合运用。其中，特别重要的是直觉和灵感。

四是批判性。主要是指在创造性地认识、解决问题的过程中，对既有知识、经验和常规思维方式评价性的质疑。

2.创新思维的基本形式

（1）形象思维

通过形象来进行的一种思维方式，它具有的形象性、感情性是区别于抽象思维的重要标志。

（2）演绎思维

演绎思维是从普遍到特殊的一种思维方式，具体形式有三段论、联言推理、假言推理、选言推理等。

（3）归纳思维

归纳思维是根据一般寓于特殊之中的原理来进行推理的一种思维形式。

（4）联想思维

联想思维是以相似联想、接近联想、对比联想、因果联想等方式进行联想的一种思维方式。

（5）逆向思维

逆向思维是指从事物的反面去思考问题的思维方法。具体来说，是指根据某种观念（概念、原理、思想）、方法及研究对象的特点，从它的相反或否定的方面去进行思考。这种思维方法常常能帮助人们创造性地解决问题。

（6）移植思维

移植思维是指把某一领域的科学技术成果运用到其他领域的一种创造性思维方法，仿生学就是典型。

（7）聚合思维

聚合思维又称求同思维、集中思维、辐合思维和同一思维等，是指从已知信息中产生逻辑结论，从现成资料中寻求正确答案的一种有方向、有条理的思维方法。

（8）目标思维

目标思维是确立目标后，一步一步去实现目标的思维方法。该思维过程具有指向性、层次性。

（9）发散思维

发散思维是根据已有的某一点信息，然后运用已知的知识、经验，通过推测、想象，沿着不同的方向去思考，重组记忆中的信息和眼前的信息，以产生新的信息。该思维过程具有流畅性、变通性、独创性。

（二）创新方法

常用的创新方法主要有以下几种：

1.头脑风暴法

头脑风暴（brain-storming）最早是精神病理学上的用语，用于描述精神病患者精神错乱的状态。如今，头脑风暴则是指无限制地自由联想和讨论，其目的是产生新观念或激发创新思维。具体来说就是，一组人员以开会的方式集中讨论问题，在一定的时间内提出大量解决特定问题的方法，以谋求最合适的解决方案。

（1）组织形式

参加人数一般为5~10人（课堂教学中也可以班为单位），最好由不同专业或不同岗位的参与者组成；会议时间控制在 1 小时左右；设主持人一名，主持人只主持会议，对设想不发表评论；设记录员1~2名，要求不论好坏，认真将与会者的每一个设想都完整地记录下来。

（2）会议类型

设想开发型：这是为获取大量的设想、为课题寻找多种解题思路而召开的会议，要求参与者善于想象，语言表达能力要强。

设想论证型：这是为将众多的设想归纳、转换成实用的方案而召开的会议，要求与会者善于归纳，善于分析、判断。

（3）会前准备工作

会议要明确主题——会议主题要提前通报给与会人员，让与会人员有一定准备；选好主持人——主持人要熟悉并掌握该技法的要点和操作要领，摸清主题现状和发展趋势。参与者要有一定的训练基础，懂得该会议提倡的原则和方法。会前可进行柔化训练，即针对缺乏创新思维的锻炼者开展以打破常规思维、转变思考角度为目的的训练活动，打破惯性思维，让他们从单调紧张的工作环境中解放出来，以饱满的创造热情投入设想活动。

（4）会议原则

为了让与会者畅所欲言，互相启发和激励，从而保证会议的效率，必须严格遵循下列原则：①禁止批评和评论，也不要自谦；②目标集中，追求设想数量，越多越好；③鼓励巧妙地利用他人的设想；④与会人员一律平等，各种设想全部记录下来；⑤主张独立思考，不允许私下交谈，以免干扰别人思考；⑥提倡自由发言，畅所欲言，任意思考；⑦不强调个人的成绩，应以小组的整体利益为重。

（5）会议实施步骤

会前准备：落实参与者、主持人和课题任务，必要时可进行柔性训练。

设想开发：由主持人公布会议主题并介绍与主题相关的参考情况；打破惯性思维，大胆进行联想；主持人控制好时间，力争在有限的时间内获得尽可能多的创意性设想。

设想的分类与整理：创意性设想一般分为实用型设想和幻想型设想两类。前者是指以目前的技术条件可以实现的设想，后者指以目前的技术条件还不能实现的设想。

完善实用型设想：可用脑力激荡法去论证实用型设想或进行二次开发，进一步扩大设想的实现范围。

幻想型设想再开发：也可用脑力激荡法对幻想型设想进行开发，将幻想型设想转化为实用型设想。

（6）主持人技巧

主持人应懂得各种激发创新思维的技法，会前要向与会者重申参会应严守的原则和纪律，引导成员进行思考，使场面轻松活跃；可轮流发言，每轮每人简明扼要地陈述一个创意设想，避免频频争论和发言不均的现象；要掌握好时间，会议持续 1 小时左右，形成的设想应不少于 100 种。

（7）头脑风暴法的基本原则

头脑风暴法的基本原则主要包括：①延迟评判；②自由联盟；③由数量到质量；④"搭便车"。

2.奥斯本检核表法

奥斯本检核表法以该技法的发明者亚历克斯·奥斯本（Alex Faickney Osborn）命名，引导主体在创造过程中对九大问题进行思考：有无其他用途、能否借用、能否改变、能否扩大、能否缩小、能否代用、能否重新调整、能否颠倒、能否组合。奥斯本检核表法是一种产生创意的方法，其核心是改进。

该技法的基本步骤如下：

首先，选定一个要改进的产品或方案。

其次，针对需要改进的产品或方案，或者针对某一问题，从下列角度提出一系列的问题：①是否可以引入，即是否能够从其他领域、产品、方案中引入新的元素、新的材料、新的造型、新的原理、新的工艺、新的思路，以改进现有的方案或产品；②是否可以替换，即是否能够用其他东西来替代现有的产品、方案或其中的某一部分；③是否可以添加、增加或扩大，即是否能够增加一些元素，如新的材料、色彩等，或者增加现有元素的数值；④是否可以减少、缩小，即是否能够通过减少某一要素的数值，或者减少一部分成分来实现改进；⑤是否可以引出，即是否可以将该产品或方案的原理、结构、材料、成分、思路等用于其他地方；⑥是否可以改变，即是否可以改变该产品的名词、动词、形容词属性和特征以实现改进。

最后，根据第二步提出的思路，进行筛选和进一步思考、完善。

3.和田十二法

和田十二法，又叫和田创新法则（和田创新十二法），是指人们在观察、认识一个事物时，可以考虑"是否可以"。和田十二法是我国学者许立言、张福奎在奥斯本检核表法的基础上，借用其基本原理并加以创造而提出的一种思维技法。它既是对奥斯本检核表法的一种继承，又是一种大胆的创新。

加一加：在原有的基础上改进，如加大、加长、加高、加宽。

减一减：省略不必要的，如减少、减轻、减薄。

扩一扩：对功能、用途、使用领域进行扩展。

变一变：在方式、手段、程序等方面改变原有事物的形状、尺寸、颜色、滋味、浓度、密度、顺序、场合、时间、对象、影响等。

改一改：针对现有的做法提出建议，以做得更好。这种做法带有被动性，常常是在事物缺点暴露出来后，才以消除这种缺点的方式来进行创造。

缩一缩：压缩、缩小、降低。

联一联：看看事物之间有什么联系。

学一学：就是借鉴、综合，模仿别的物品的形状、结构、颜色、性能、规格等，以求创新。

代一代：看用别的工具、方法、材料能不能代替原有产品。

搬一搬：就是移动，另作他用或是把物品的某一部件移动一下，产生一种新的物品。

反一反：有时将上下顺序颠倒过来，说不定更好。就是将某一事物的形态、性质、功能，以及正反、里外、前后、左右、上下、横竖等加以颠倒，从而产生新的事物。

定一定：明确规定界限、标准，即针对新产品或事物定出新的标准、型号、顺序，或者为改进某种东西、提高工作效率以及防止不良后果的产生做出一些新规定，从而达到创新的目的。

4."六顶思考帽"法

"六顶思考帽"法是由爱德华·德·波诺（Edward de Bono）博士开发的流行于西方企业界的一种非常有效的思维训练方法。这种理论为人们提供了一种"平行思维"的工具，从而避免将时间浪费在争执上。"六顶思考帽"法的主要功能是为人们构建一个思考框架，在这个框架下人们按照特定的程序进行思考，从而极大地提高企业与个人的效率，降低会议成本、提高创造力，解决深层次的沟通问题。"六顶思考帽"法为许多国家的企业和个人提供了强有力的管理工具，在实际运用中发挥了巨大的作用。

波诺认为，人们惯常的思维方式是一种辩论式的纵向思考的方式。这种思维方式常常因为角色固定，缺乏建设性、计划性和创新性，而不利于创造新的事物。以"六项思考帽"为比喻的横向思维则与此不同。它用六项颜色不同的帽子作为比喻，把思维分成六个不同的方面，这六种思维方式并不代表六种性格的人，而是每一个人在思考问题时都可以扮演六种不同的角色。每一种角色都是一种颜色，这就像彩色打印机，先将各种颜色分解成基本色，然后将每种基本色打印在同一张纸上，就会得到彩色打印的效果。

具体来说，"六项思考帽"有六种颜色：白、红、黄、黑、绿、蓝。颜色和它们的功能有关。白色"思考帽"代表中性的事实与数据，有处理信息的功能；红色"思考帽"代表人们对事物的感觉，有形成观点和感觉的功能；黄色"思考帽"有识别事物的积极因素的功能，代表乐观，能促使人们积极地寻找事物的优点，让人充满希望；黑色"思考帽"代表谨慎，有发现事物的消极因素的功能，可以让我们找到事物的负面因素；绿色"思考帽"代表创造力，有创造解决问题的方法和思路的功能；蓝色"思考帽"管理整个思维进程，代表思维过程的组织与控制，可以控制其他颜色"思考帽"的使用。

"六项思考帽"法几乎涵盖了思维的整个过程，既可以有效地支持个人的行为，也可以支持团体的讨论行为。"六项思考帽"法的价值在于，它作为一种有建设性、设计性和创新性的思维管理工具，能使思考者克服情绪的影响。特别是对一个团队而言，它能把各种不同的想法和观点和谐地组织在一起，避免人与人之间的争吵，使团队中的每个成员都能积极参与思考。这样一来，所有人的观点都变得十分重要，从而提高了组织与个人的效率，使解决组织内部深层次的沟通问题成为可能。

二、企业组织管理知识

要想顺畅、有效地开展创新创业活动，就要做好组织管理工作。具体来说，就是针对新建立的企业，进行组织结构设计、明确授权、搞好人员配备、开展组织文化建设等工作。

（一）企业组织管理的概念

企业组织管理是指为了有效地实现共同目标和任务，合理地确定组织成员、任务及各项活动之间的关系，并按照一定的原则合理配置组织资源、协调组织的活动过程。

（二）企业组织管理的任务

企业组织管理主要有三项任务：一是建立组织结构；二是明确组织内部的相互关系；三是提供组织结构图和职位说明书。

（三）基本的组织结构形式

企业组织管理的核心是建立组织结构，组织结构设计是否合理，直接关系到组织的运行是否顺畅。根据创新创业所处阶段的不同，大学生创新创业一般可以选择以下几种基本的组织结构形式：

1.直线职能型组织结构

直线职能型组织结构是现实中运用得最为广泛的一个组织形态，它是以直线结构为基础，在各级行政负责人之下设置相应的职能部门，分别从事专业管理，作为该领导的参谋，实行主管统一指挥与职能部门参谋、指导相结合的组织结构形式。

直线职能型组织结构的优点有：①把直线型组织结构和职能型组织结构

的优点结合起来,既能保持统一指挥,又能发挥参谋人员的作用;②分工精细,责任清楚,各部门仅对自己应做的工作负责,效率较高;③组织稳定性较高,在外部环境变化不大的情况下,易于发挥组织的集体作用。

直线职能型组织结构的缺点如下:①部门间缺乏信息交流,不利于集思广益;②直线部门与职能部门(参谋部门)之间目标不易统一,职能部门之间横向联系较差,信息传递路线较长,矛盾较多,上层主管的协调工作量大;③难以从组织内部培养熟悉全面情况的管理人才;④系统刚性大,适应性差,容易因循守旧,不易对新情况及时做出反应。

这种组织结构一般适用于创新创业的初始阶段,此时的企业规模还不大。

2.事业部制组织结构

事业部制组织结构是指以某个产品、地区或顾客为依据,将相关的研究、开发、采购、生产、销售等部门组合成一个相对独立的组织结构。它表现为在总公司领导下设立多个事业部,各事业部有各自独立的产品或市场,在经营管理上有很强的自主性,实行独立经营和独立核算,是一种分权式管理结构。事业部制组织结构以产生目标和结果为基准来进行部门的划分和组合,是在企业内部对具有独立产品市场或地区市场并拥有独立利益和责任的部门实行的分权化管理。

事业部制组织结构的主要特点如下:①集中政策,分散经营;②各部门进行专门化的生产经营管理;③各部门均为利润中心,实行独立核算;④按照职能制结构进行组织设计。

应用事业部制管理模式的前提是确保总部享有重大决策权、合理监控权和高层人事权。事业部制管理模式的核心内容是组织结构、权限划分和控制体系,该组织结构形式对外部环境变化的适应能力较强。

事业部制组织结构适合规模大型化、经营多样化,具有较复杂的产品类型或较广泛的地区分布的企业。

3.矩阵型组织结构

在一个组织机构中,为完成某一特定任务,另外成立专案小组,此专案小组与原组织配合,在形态上有交叉,即为矩阵型组织。在组织结构上,它是把按职能划分的部门和按产品(项目)划分的小组结合起来组成一个矩阵,一名管理人员既同原职能部门保持组织与业务上的联系,又参加项目小组的工作。职能部门是固定的组织,项目小组是临时性组织,完成任务以后就自动解散,其成员回原部门工作。

矩阵型组织结构的优点包括:①团队的工作目标与任务比较明确,有专人负责项目的工作;②团队成员无后顾之忧,项目工作结束时,不必为将来的工作分心;③各职能部门可根据自己部门的资源与任务情况来调整、安排资源力量,提高资源利用率;④提高了工作效率与反应速度,相对职能型结构来说,减少了工作层次与决策环节;⑤相对于项目型组织结构来说,可在一定程度上避免资源的囤积与浪费;⑥在强矩阵式模式中,由于项目经理来自公司的项目管理部门,可使项目运行符合公司的有关规定,因此不易出现矛盾。

矩阵型组织结构的缺点主要有:①项目管理权平衡困难;②信息回路比较复杂。

矩阵结构适用于一些重大攻关项目,企业可用来完成涉及面广的、临时性的、复杂的重大工程项目或管理改革任务,特别适用于以开发与实验为主的单位,如科学研究单位等。

(四)企业组织管理中要处理的问题

1.管理幅度与管理层次关系问题

管理幅度是指管理者直接指挥下级人数的多少,管理层次是指行政职位等级的多少。管理幅度不宜过宽,也不宜过窄,要根据管理者的能力,有利于取得良好的管理效果。在管理层次方面,要从适应竞争的需要出发,向扁平方向发展。

2.组织的部门化问题

部门化是将整个组织的孤立系统分解成若干个相互依存的基本管理单位的过程。处理部门的划分问题主要应遵循确保目标的实现、组织机构应具有弹性、业务的改变力求涉及最少部门等原则。部分部门可以从职能、产品、地区、过程和顾客的角度进行划分。

3.集权与分权的关系问题

集权是指管理权主要集中在高层管理者手中；分权指管理权分散在下级管理者手中。正确处理集权与分权关系的原则是"权力必须适当集中，但权力也必须适当分散"。关键是要把握好度，权力集中必须要确保下属拥有日常管理的自主权，权力分散不能把用人权、重大事项决策权和资源分配权下放给下属。

三、企业战略管理知识

在今天的市场竞争中，企业战略是企业管理的核心，对企业发展至关重要。可以这么说，一个企业有战略不一定成功，但如果一个企业没有战略，大概率会遭遇失败。企业在经营管理中必须重视战略管理。

（一）企业战略及类型

企业战略是指企业根据环境的变化和自身资源及实力，为谋求生存和不断发展，选择适合的经营领域和产品，确立长远目标并对实现目标的轨迹做出的总体性、长远性、指导性的谋划。它具有指导性、全局性、稳定性、竞争性、系统性和风险性的特点。美国知名管理学家迈克尔·波特（Michael E. Porter）认为，基本的企业战略包括成本领先战略、差异化战略和集中一点战略三种类型。

（二）企业战略管理的概念

企业战略管理是关于如何制定、实施、评价企业战略，以保证企业有效实现战略目标的管理。

（三）企业战略管理的原则

企业战略管理有助于企业走向成功，但不正确的战略管理有时会适得其反。企业在战略管理过程中必须遵循科学的原则，主要包括适应环境原则、全程管理原则、全员参与原则和反馈修正原则。

（四）企业战略管理的任务

企业战略管理主要有战略制定、战略实施、战略控制以及战略评价四大任务。

四、市场营销知识

在当今市场竞争日益激烈的形势下，企业要想在竞争中取胜，就离不开市场营销。市场营销已成为企业在市场竞争中取胜的锐利武器。

（一）市场营销的概念

简单来说，市场营销就是为他人（或组织）着想。具体来说，就是以他人（或组织）的需求为出发点，以满足他人（或组织）的需求为最终目的的一系列活动过程。德鲁克认为企业主要有两项职能：一是创新，二是营销。这充分说明市场营销在企业生存和发展中的重要性。

（二）树立正确的营销观念

企业奉行什么样的营销观念，就会出现什么样的营销行为。只有树立正确的营销观念，才能引导企业走向成功。企业营销观念的形成大致经历了生产观念、产品观念、推销观念、市场营销观念和社会营销观念几个阶段。

在今天，企业应树立的营销观念包括市场营销观念和社会营销观念。所谓市场营销观念，就是企业以消费者的需求为中心的观念，顾客需要什么，企业就生产什么、销售什么，即围绕消费者的需要开展营销活动。所谓社会营销观念，就是企业在满足消费者需要的过程中，既要满足消费者的近期需要，同时还必须考虑消费者的长远需要，就是在尽量满足消费者需要的同时，注重环境保护、社会经济可持续发展等，还不能损害其他消费者利益，力求实现消费者长期利益的最大化。

（三）市场营销环境分析

市场营销环境是对企业营销可能产生影响的所有因素的统称，包括宏观市场营销环境和微观市场营销环境。宏观市场营销环境因素有政治、经济、法律、自然、科技、文化等，微观市场营销环境因素有营销渠道、市场、竞争者、公众等。

宏观市场营销环境分析主要是搞清楚企业营销面临的机会和威胁是什么，微观市场营销环境分析主要是搞清楚企业在营销过程中的优势和劣势是什么。市场营销环境分析，就是要让企业在营销过程中充分抓住机会，避开可能面临的威胁，从而发挥优势，克服劣势。

（四）目标市场战略

目标市场战略包括市场细分、目标市场选择和市场定位三大内容。

1.市场细分

市场细分就是企业按各细分变量将整个市场划分为若干个需求不同的产

品和营销组合的子市场或次子市场的过程。同一个细分市场上的消费者的需求是相同的，不同细分市场上的消费者的需求是不同的。

消费者市场细分的影响因素包括地理因素、人口因素、心理因素、行为因素；产业市场的细分变量，有一些与消费者市场的相同，如追求利益、使用者情况、使用频率和对品牌的忠诚度等。此外，产业市场细分常用变量有最终用户、顾客规模等。市场细分必须有效，即细分出来的市场必须符合可衡量性、可接近性、可进入性和可盈利性的要求。

2. 目标市场选择

目标市场就是企业营销活动所要满足的市场，也是企业为实现预期目标而要进入的市场。具体来说就是企业拟投其所好、为之服务的具有相似需求的目标客户群体。企业的一切营销活动都要围绕这个目标市场来进行。选择和确定目标市场，明确企业的具体服务对象，关系到企业任务和目标的落实，也是企业制定营销战略的首要内容和基本出发点。企业选择目标市场主要考虑企业资源、产品特点、市场特性、产品所处的市场生命周期、竞争者的状况及策略等因素。

3. 市场定位

市场定位就是针对竞争者现有产品在市场上所处的位置，根据消费者或用户对该产品某一属性或特征的重视程度，为产品设计和塑造一定的个性或形象，并通过一系列营销努力把这种个性或形象传达给顾客，从而适当地确定该产品在市场上的位置。

市场定位的作用就在于使企业及产品具有鲜明的特色，能够满足顾客的需求并与竞争对手的产品相区别。市场定位的关键就是要找出产品的核心价值，实现买点与卖点的完美结合。市场定位包括明确竞争优势、选择竞争优势、显示竞争优势三个步骤。

（五）市场营销策略

企业最基本的市场营销策略有产品策略、渠道策略、价格策略和促销策略。

1.产品策略

产品策略是整个营销策略的核心，决定了其他策略的制定。企业制定产品策略必须树立产品整体概念。产品整体包括三个层次，即核心产品、形式产品和延伸产品。核心产品是指向顾客提供的产品的基本效用或利益；形式产品是指产品的基本形式，即品质、式样、特征、品牌和包装；延伸产品指的是顾客购买产品时附带获得的各种利益的总和，包括产品说明书、安装、维修、送货、技术培训等。

产品策略包括产品组合策略、产品生命周期策略和新产品开发策略三大策略。产品组合策略是企业在营销过程中，为了让消费者的需求得到满足，企业对应提供哪些产品大类、每一产品大类具体应包括多少产品项目，以及各产品大类之间的关联性如何等进行选择。其目的是在满足消费者多样化需求的同时，实现企业利益的最大化。产品生命周期策略是企业在营销过程中根据营销产品的生命周期长短、产品生命周期阶段的不同制定不同的营销策略。产品的生命周期一般被划分为四个阶段，即投入期、成长期、成熟期和衰退期。投入期的主要策略是提高产品的知名度，尽快让消费者了解产品并试用；成长期的主要策略是扩大生产规模，降低产品成本，完善产品，塑造品牌形象；成熟期的主要策略是降低价格，获取最大市场份额和利润；衰退期的主要策略是逐步退出市场，将资源转移到新的产品营销中去。

2.渠道策略

渠道策略就是要解决企业如何将产品大量、快速地转移到消费者手中供消费者消费的问题，主要是企业在产品分销过程中针对是否使用中间商、使用多少中间商等问题做出决策。不使用中间商属于直接销售渠道，使用中间商属于间接销售渠道。使用中间商环节少属于短渠道，使用中间商环节多属于长渠道。企业选择哪种渠道模式，主要受产品因素、市场因素、企业自身因素、中间商情况、竞争者渠道模式、经济形势及法规规定等的影响。

企业制定渠道策略的步骤包括：分析目标客户需要的服务产出水平，建立渠道目标，设计可供选择的渠道方案，对主要的渠道方案进行评估并寻求合适的渠道。

3. 价格策略

价格策略是营销策略中最灵活的一项策略，就是按照市场规律制定企业价格政策和确定产品价格来实现营销目标的策略。价格的制定主要考虑产品成本、市场需求和竞争三大因素。成本决定最低价格，需求决定最高价格。

定价的一般步骤如下：确定企业定价的目标，分析影响定价的因素，选择定价的方法（成本导向定价法、需求导向定价法和竞争导向定价法），制定价格。

产品定价的策略主要包括新产品定价策略、折扣与让价策略、心理定价策略、地理定价策略和产品组合定价策略等。

4. 促销策略

促销是企业通过人员和非人员的方式，沟通企业与消费者之间的信息，引发、刺激消费者的消费欲望和兴趣，使其产生购买行为的活动。促销实质上是一种沟通活动。为了取得比较好的效果，企业在促销中往往会采取组合促销的做法。所谓组合促销，就是企业根据产品的特点和营销目标，在综合分析各种影响因素的基础上，对人员推销、广告、宣传等各种促销方式的选择、编配和运用。

根据促销的对象不同，促销策略有"推式"和"拉式"两种。"推式"策略主要通过以人员推销方式为主的促销组合，把商品推向市场，目的在于说服中间商，使他们接受企业和产品，从而使产品渗透进分销渠道，最终抵达消费者手中；"拉式"策略主要通过以广告为主的促销组合，把消费者吸引到企业的特定产品上来，这种策略首先设法引起消费者对产品的需求和兴趣，使消费者向中间商询购这种产品，然后促使中间商向生产者进货。

企业在促销中，究竟选择哪些促销方式进行组合促销，一般要考虑促销目标、产品因素、市场条件、促销预算等因素。

五、生产运作管理知识

（一）生产运作管理的概念

生产运作管理是管理的一个职能领域，主要是对提供企业主要产品或服务的系统进行设计、运行、评价和改进，其核心是实现价值增值。

（二）生产运作系统

生产运作系统是生产产品的制造企业的一种组织体，它具有销售、设计、加工、交货等综合功能。生产运作系统包括系统设计（选址、制订计划、确定工作标准）、运行（生产的组织）、控制（成本、质量、库存、计划的执行）、变革（准时生产、敏捷制造）。

（三）生产运作管理的目标和任务

生产运作管理的目标就是实现投入生产要素的有效产出，符合高效、低耗、灵活、准时和高质量的要求。生产运作管理的任务就是要做好生产系统的建设，编制并落实生产计划，同时对生产过程进行有效的控制。

（四）生产运作管理的内容和手段

生产运作管理主要包括生产计划管理、采购管理、制造管理、质量管理、成本管理、设备管理、现场管理、库存管理、士气管理、精益生产管理等。生产运作管理的手段有生产标准化、目视管理、信息化、企业资源计划和绩效考核等。

六、企业财务管理知识

（一）企业财务管理的概念及对象

企业财务管理是在企业目标下，企业组织财务活动、处理财务关系的一项经济管理工作，贯穿于企业经营活动的方方面面。企业财务管理的对象是企业的资金及其流动。

（二）企业财务管理的特征

企业财务管理的特征如下：①财务管理是企业一切管理活动的基础和中心环节；②财务管理与企业各方面都有广泛的联系；③财务管理能迅速反映企业生产经营状况。

（三）企业财务管理的目标

企业财务管理的目标取决于企业的目标，并且受财务管理自身特点的制约。企业财务管理总目标经历了利润最大化、股东财富最大化、企业价值最大化的演变过程。

（四）企业财务管理的内容

企业财务管理主要包括筹资管理、投资管理、营运资金管理和利润分配管理几个方面的内容。

筹资管理是企业根据其生产经营、对外投资和调整资本结构的需要，通过筹资渠道和资本市场，运用筹资方式，经济有效地筹集企业所需的资本的财务行为。筹资管理的目的是满足企业资金需求，降低资金成本，增加企业利益和减少相关风险。筹资决策的关键在于确定合理平衡财务杠杆的正面效应和负面效应的最优资本结构。

投资管理是企业为了发展生产、获取利润、降低风险，对投资活动进行管理的财务行为。投资管理包括对流动资金投资管理和固定资产投资管理两方面的内容。

营运资金管理是对流动资产和流动负债的管理。它主要解决企业应该投资多少流动资产和怎样进行流动资产的融资两方面问题。营运资金管理的目的是提高营运资金使用效率。

利润分配管理是对利润分配的合理性、合法性进行管理。利润分配关系着国家、企业、职工及所有者各方面的利益，是一项政策性较强的工作，必须严格按照国家的法规和制度执行。利润分配的结果，形成了国家的所得税收入、投资者的投资报酬和企业的留用利润等不同的项目，其中企业的留用利润包括盈余公积金、公益金和未分配利润。企业利润分配应当遵循依法分配、资本保全、兼顾各方利益、分配与收益积累并重、投资与收益对等等原则。

第三节　资源准备

如果大学生在创新创业过程中能发现特定资源的价值或者善于获得资源，那么创业机会将无处不在。创新创业资源与创新创业的关系就如同颜料、画笔与艺术家的关系那样。大学生想要创新创业，所需的相应资源不可或缺，所以大学生在创新创业前必须做好资源准备。

一、创新创业资源的概念

常言道："巧妇难为无米之炊"。同样，没有资源，创新创业活动就难以开展。创新创业资源是大学生创新创业过程中，以及企业创立、成长过程中所需要的各种生产要素和支撑条件。

二、创新创业资源的类型

按照对企业战略规划过程的参与程度，创新创业资源可以分为间接资源和直接资源两大类。财务资源、管理资源、市场资源、人才资源是直接参与企业战略规划的资源要素，属于直接资源；政策资源、信息资源、科技资源这三类资源要素，更多的是为新创企业的成长提供便利和支持，而非直接参与创业战略的制定与执行，属于间接资源。

三、创新创业资源与创新创业过程的关系

创新创业过程一般可以分为创新创业前的机会识别，以及创立企业之后的成长过程两个阶段。

机会识别与创新创业资源密不可分。从直观的含义上看，机会识别是要分析、考察、评价可能的潜在创新创业机会。机会识别的实质是创新创业者判断是否能够获取足够的资源来支持可能的创新创业活动。创新创业机会识别的落脚点是对创新创业资源的获取。

四、创新创业资源的重要性

在创新创业资源中，技术资源是创业前最关键的资源。真正的创新创业者，一是拥有核心技术，二是拥有一流团队。技术资源主要回答的问题：我们能提供什么样的产品或者服务？它能满足或者说实现人们什么样的需求？

谁会需要我们提供的产品或者服务？

创新创业企业成立后，人力资源就成为企业持续经营最重要的资源。人力资源不仅仅指创业者及其团队的特长、知识和激情，还包括创业者及其团队拥有的能力、经验、意识、社会关系和市场信息等。

财务因素在创新创业中不是最重要的因素，因为资金是可以通过团队的能力以及团队所拥有的技术去获得的，但反之并不成立。

整合资源的能力比拥有创业资源更为重要。不管资源准备得如何充分，我们也不可能预见创业后所有的问题。任何一个创新创业者都不可能先想出所有问题的答案后再创新创业。很多大学生在初次创新创业的时候资源都是十分欠缺的。资源欠缺不要紧，关键是要有整合资源的能力，大学生在创新创业中，可以通过资源整合，将许多外在的不属于自己的资源为自己所用。创新创业的精髓在于具备使用外部资源的能力和意愿。

五、创新创业资源获取途径

（一）获取技术资源的途径

大学生创新创业的起步阶段，获取技术资源的主要途径有：①吸引技术持有者加入创业团队；②购买他人的成熟技术并进行技术市场寿命分析等；③购买他人的前景型技术，再通过后续的完善开发，使之达到商业化的要求；④同时购买技术和技术持有者；⑤自己研发，但这种方式需要的时间长、耗资大。

（二）获取人力资源的途径

这里的人力资源不是指创新创业企业成立以后需要招募的员工，而是指创业者及其团队拥有的知识、技能、经验、人际关系、商务网络等。大学生在创新创业过程中获取人力资源的主要途径有：①打工；②模拟公司运作；③参加校园创新创业大赛或者挑战杯大赛；④拜访优秀的人；⑤与优秀的人共事。

（三）获取营销网络的途径

营销网络可以帮助大学生将新创企业产品或者服务销往市场，换回顾客的"货币选票"。

一般情况下，新创企业可通过以下途径拥有未来的营销网络：①借用他人已有的营销网络和使用公共流通渠道；②自建的营销网络与借用他人营销网络相结合，扬长避短，使营销网络更适应新创企业的要求。

（四）获取外部资金资源的途径

在创新创业的过程中，大学生获取外部资金资源的途径有以下五种：

①依靠亲朋好友筹集资金，双方形成债权、债务关系；②抵押、银行贷款或企业贷款；③争取政府某个计划的资金支持；④所有权融资，包括吸引新的拥有资金的创业同盟者加入创业团队，吸引现有企业以股东身份向新企业投资、参与创业活动，以及吸引企业孵化器或创业投资者的股权资金投入等；⑤制订一个详尽可行的创业计划，以吸引大学生创业基金甚至风险投资基金的目光。

第四章　大学生创业机会与创业风险

第一节　创业机会

一、创业机会的概念和特征

（一）创业机会的概念

创业机会是指在市场经济的条件下，在社会经济活动过程中产生的一种有利于创业的因素，是一种带有偶然性并能被创业者认识和利用的契机。

（二）创业机会的特征

1.普遍性

凡是有市场、有经营的地方，客观上就存在着创业机会。创业机会普遍存在于各种经营活动中。

2.偶然性

对创业者来说，发现和捕捉创业机会带有很大的不确定性，任何创业机会的产生都有一定的偶然性。

3.消逝性

创业机会存在于一定的时空范围之内，随着创业客观条件的变化，有时创业机会会消失。

二、创业机会的来源

（一）现有市场机会和潜在市场机会

现有市场机会源于现有市场中那些明显未被满足的市场需求，往往发现者多，竞争较为激烈。潜在市场机会源于那些隐藏在现有需求背后的、未被满足的潜在市场需求，不易被发现，识别难度大，往往蕴藏着极大的商机。

（二）行业市场机会与边缘市场机会

行业市场机会是指出现在某一个行业内的市场机会，发现和识别的难度较小，但竞争激烈，成功的概率小。边缘市场机会是指在不同行业的交叉部分出现的市场机会，处于行业与行业之间的真空地带，让人难以发现，往往需要创业者有丰富的想象力和大胆的开拓精神，一旦开发，成功的概率就很大。

（三）目前市场机会与未来市场机会

目前市场机会是在当前环境发生变化时出现的机会；未来市场机会是在市场研究和预测分析的基础上，在未来某一时期内出现的市场机会。若创业者提前预测到某种市场机会会出现，就可以在这种市场机会到来前早做准备，从而获得领先优势。

（四）全面市场机会与局部市场机会

全面市场机会源于大范围市场出现的未被满足的需求。创业者在大市场中发掘局部或细分市场机会，见缝插针，集中优势资源投入目标市场，这样才能减少盲目性，提高成功的可能性。局部市场机会则是源于局部市场或细分市场出现的未被满足的需求。

三、影响大学生识别创业机会的因素

（一）个人层面

1.创业精神

创业精神是指创业者在创业过程中体验到的主观情绪和对优化配置资源创造价值的意向，是创业态度的一种表现方式。

创业机会的识别与创业精神之间存在着一种动态的激励关系：环境中存在的以及被识别出的创业机会越多，创业者的创业精神就越高昂。有学者研究发现，积极的创业情绪对创业者而言是极其重要的创业资源，对创业者的创业机会识别起着正向作用。所以，创业精神与创业机会识别之间是一种良性循环、相互促进的关系。

2.先验知识

先验知识，也称既有知识，指创业者拥有的关于市场、行业、技术、顾客需求等方面的知识。

先验知识是影响创业者在同一创业环境下决策的重要变量，大部分创业者最终所识别出的创业机会与先前积累的专业知识以及工作经验呈现显著的相关性。创业者过去在相关行业工作、创业的经历及其在各种教育培训中积累的先验知识能有效帮助他们进行之后的创业尝试。这些丰富的知识、经验让他们更能在相关领域识别到他人难以发现的创业机会。因此，大学生在特定领域的经验和知识存量越多，其成功识别的创业机会越可能与该领域相关，并且这些经验和知识会让他们更容易发现该领域内各契机的内在联系，从而优化资源整合，实现价值创造。

3.创业警觉性

创业警觉性，指的是创业者能够从生产技术、政府政策、产品市场、竞争形势变化等方面精准识别创业机会的洞悉能力。这无疑是个人层面上影响创业机会识别最重要的因素。许多学者对创业警觉性进行了研究。保持对信息的敏感性是创业者识别创业机会的首要前提，在失败的案例中，不能成功识别创业机会的原因往往是创业者缺乏创业警觉性，创业警觉性越高的创业者识别创业机会的能力越强。

然而，这种能够敏锐识别创业机会的洞察力，并非创业成功者身上所具有的天然属性，而是由创业者在开展创业活动的过程中所积累的实践知识、价值信条和机会意识交互作用形成的，其实质是创业者在复杂变化的创业环境中产生的警觉的认知逻辑和思维范式。实际上，具备创业警觉性的创业者会形成一套专门用于识别创业机会的概念网络，从而使自身对创业机会的关键特征特别敏感，并使自身将注意力聚焦到各项特殊的事物或信息流上，以便在模糊的情境下激活概念网络并做出评估，完成创业机会识别。研究人员把创业警觉性分成反应警觉性、思维警觉性和感知警觉性三个部分，但他们认为创业警觉性并非影响创业机会识别的核心因素，而是在社会网络与创业机会识别二者的作用关系中充当中介部件，充当社会网络作用于创业机会识别能力的联系桥梁，间接影响大学生创业者的机会识别能力。

（二）环境层面

1.社会网络

社会网络，亦被一些研究者称为社会资本，其定义由于研究者的侧重点不同而难以统一。比如，有的研究者把社会网络视为某一群体中特定个体的正式与非正式关系的集合。社会网络是存在于创业环境中的社会框架，创业者以这个框架为背景开展创业活动，从中获取创业资源、商业信息等要素，进而识别创业机会。

影响大学生创业者社会网络的三大因素为结构、规模、强度，其中，结构影响创业机会的创新程度，规模影响可供识别的创业机会的基数，强度影响创业机会的可开发程度。大学生创业是一个不断重组社会网络的过程，大学生自身社会网络的联系越紧密，其所获得的识别创业机会的正向促进效益就越大。大学生创业者应结合自身所处阶段特征，努力构建相吻合的动态社会网络，如此才能有效提高自身识别创业机会的能力。

2.创业环境

需要强调的是，创业环境是一个宽泛的概念。此处所指的创业环境是从传统观点出发的，只包含创业者所处的社会经济环境与国家经济政策。

首先，社会经济环境主要是指整个社会的宏观经济形势。一个整体上行的经济背景意味着一个较好的经济发展前景，人们会更愿意运用手中的各项资源进行投资。从这一角度来说，大学生在创业融资、调动资源方面将享受到创业资源丰盈的红利，更加容易获得支撑创业运行的资源。同时，卸下资源要素压力的创业者在识别创业机会的过程中会更容易产生大胆的想法，从而打破常规，创新要素间的有机联系。

其次，国家经济政策主要是指国家意志对社会经济关系在方方面面的约束和指示，其往往是社会经济发展的风向标。一些扶持创业、提供创业优惠的政策本身就是在为创业者指明创业方向，提供创业平台，如环保导向的政策催生出新能源汽车、共享单车等新产业；科技创新导向的政策促进了智能家居、物联网等产业的发展；扶贫导向的政策推动了普惠金融、直播助农等新型创业模式。同理，国家经济政策中的优惠条款所带来的行政便利和生产补贴也将对大学生创业产生影响，引导其识别相关领域内的创业机会。

四、创业机会的发现

大学生要善于抓住好的创业机会，把握好的创业机会就等于成功了一半。大学生可借助以下方法发现创业机会：

（一）从变化中发现机会

环境的变化会给各行各业带来良机，大学生可以透过自己感兴趣的行业的变化，从中发现新的机会。此类的变化包括产业结构的变化，科技进步，技术革命，经济信息化、服务化，价值观与生活形态变化，人口结构变化等。

（二）把握"低科技"领域的机会

随着科学技术的发展，高科技领域的开发是时下的热门课题，但对大多数大学生而言，并不是只有高科技领域才有创业机会，在运输、餐饮等"低科技"领域也有机会，关键在于开发。

（三）盯住某些顾客的需要

每个人的需求都是有差异的，如果我们时常关注某些人的日常生活和工作习惯，就会从中发现某些机会。因此，大学生在寻找创业机会时，可对顾客进行分类，认真研究各类人员的需求特点，这样自然而然就会发现创业机会。

（四）关注人们迫切希望解决的问题

大学生可着眼于"人们苦恼的事"或"困扰人们的事"，因为人们总是迫切希望解决此类问题，如果能提供解决此类问题的办法，实际上就是找到了创业机会。

五、创业机会的筛选

在现实生活中，创业的机会并不是很多。大学生可借助"机会选择漏斗"，经过一层又一层的筛选，在众多机会中筛选出真正适合自己的创业机会。

首先，要筛选出较好的创业机会。一般而言，较好的创业机会都有五个特点：一是市场前景好，至少在未来 5 年，市场需求会稳步快速增长；二是能获得利用该机会所需的关键资源；三是不会被锁定在"刚性的创业路径"上，中途可以调整创业路径；四是创业者有可能创造新的市场需求；五是特定机会的商业风险是明朗的，且至少有部分是创业者能够承受的风险。

其次，要筛选出利己的创业机会。面对较好的创业机会，大学生要回答四个问题：一是能否获得自己缺少、但被他人控制的资源；二是遇到竞争对手时，自己是否有能力与之抗衡；三是能否创造新增市场；四是是否有能力承受各种风险。

六、创业机会的把握

大学生不仅要善于发现创业机会，更需要正确把握机会，果断行动，将机会变成现实的成果，这样才有可能在最恰当的时候出击，获得成功。大学生要把握创业机会，应注意以下几点：

（一）着眼于问题

创业者可从解决问题入手。问题就是现实与理想的差距。顾客需求在没有得到满足之前有很多问题需要解决，设法满足这一需求就抓住了市场机会。

（二）善于利用变化

变化中常常蕴藏着无限商机，许多创业机会产生于不断变化的市场环境中。环境变化将带来产业结构的调整、消费结构的升级、思想观念的转变、政府政策的变化、居民收入水平的提高等。大学生创业者透过这些变化，就会发现新的机会。

（三）跟踪技术创新

全球产业发展的历史告诉我们，每一个新兴产业的形成和发展，都是技术创新的结果。产业的转型或产品的迭代，既满足了顾客需求，也带来了前所未有的创新创业机会。

（四）在市场夹缝中把握商机

创业机会存在于为顾客创造价值的产品或服务中，而顾客的需求是有差异的。创业者要善于找出顾客的特殊需求，盯住顾客的个性需求并认真研究其需求特征，这样才可能发现并把握商机。

（五）捕捉政策变化

我国市场受政策影响较大，新政策出台往往会带来商机，如果创业者善于研究和利用政策，就可能抓住商机。

（六）弥补竞争者缺陷

不少创业机会是由于竞争对手的失误而"意外"获得的，如果能及时抓住竞争对手策略中的漏洞并加以改进，或者能比竞争对手更快、更可靠、更便宜地提供产品或服务，也许就找到了机会。

七、创业机会的评估

大学生在创业前应先以比较客观的方式对创业机会进行评估。一般而言，创业机会的评估遵循以下两种准则：

（一）市场评估准则

1.市场定位

评估创业机会的时候，创业者可从市场定位是否清晰、顾客需求分析是否准确、接触顾客的通道是否通畅、产品是否能持续衍生等方面来判断创业机会可能创造的市场价值。创业者创造的市场价值越高，创业成功的概率就越大。

2.市场结构

创业者可从以下几个方面进行分析：进入障碍、供货商、顾客、经销商的谈判力量、替代性产品的威胁和市场内部竞争的激烈程度。从这些方面可知该企业在未来市场中的地位及可能遭遇的竞争对手的反击。

3.市场规模

市场规模大，进入门槛相对较低，市场竞争的激烈程度也会略为下降。若要进入的是一个十分成熟的市场，那么利润空间会很小，不值得再进入；若是一个成长中的市场，只要时机正确，仍然会有获利的空间。

4.市场渗透力

面对一个具有巨大市场潜力的创业机会，市场渗透力评估是非常重要的。新产品上市后，在规划期内，市场潜力将以何种速度被挖掘，即新产品逐渐占领市场的速度，就是市场渗透力。市场渗透力表现为新产品被消费者接受的速度，以及新产品被消费者接受的程度。市场渗透力越强，新产品成功的概率就越大。

5.市场占有率

一般而言，要想成为市场的领导者，至少要拥有 20%的市场占有率，若市场占有率低于 5%，则说明这个新企业的市场竞争力不够，自然也会影响未来企业上市的价值。尤其是具有"赢家通吃"特点的高科技产业，新企业只有具备抢占市场占有率的能力，才比较有投资价值。

6.产品的成本结构

从变动成本与固定成本的比重以及经济规模的大小，可以判断企业创造附加价值的能力以及未来可能的获利空间。

（二）效益评估准则

1.合理的税后净利

一般而言，具有吸引力的创新创业机会，至少能够创造 15%的税后净利。如果预期的税后净利在 5%以下，就不是一个很好的投资机会。

2.达到损益平衡所需的时间

达到损益平衡所需的时间应在 2 年之内，如果 3 年还达不到，恐怕就不是个值得投入的创新创业机会了。当然，有的创新创业机会确实需要较长时间的耕耘，在这样的情况下，创新创业者应适当增加前期投入，以保证后期持续获利的能力。

3.投资回报率

考虑到创新创业面临的各种风险，合理的投资回报率应该在 25%以上，而 15%以下的投资回报率是不值得考虑的。

4.资本需求

资本需求量较低的创新创业机会一般会比较受欢迎，资本额过高其实并不利于创新创业成功，甚至还会带来稀释投资回报率的负面效果。通常，越是知识密集的创新创业机会，对资金的需求量越少，投资回报率反而越高。因此，大学生在创新创业的初始阶段，不要募集太多资金，最好通过盈余积累的方式来创造资金，而比较低的资本额，将有利于提高每股盈余，并且可以进一步提高企业未来上市的价格。

第二节 创业风险

一、创业风险的定义及特征

（一）创业风险的定义

创业风险是指在创业过程中存在的各种风险。例如，创业环境的不确定性、创业机会与创业企业的复杂性，以及因创业者、创业团队与投资者的能力不足而导致的创业活动的不确定性等。

（二）创业风险的特征

大学生创业风险种类繁多，贯穿整个创业过程，但是这些风险具有一些共同的特征。

1. 客观性

创业本身就是一个识别风险和应对风险的过程，风险的出现是不以人的意志为转移的，所以创业风险的存在是客观的。

2. 不确定性

由于影响创业的因素具有不确定性，这些因素是不断变化的，甚至是难以预料的，因此创业风险也具有不确定性。

3. 双重性

创业有成功或失败两种可能，因而创业风险具有盈利或亏损的双重性。

4. 可变性

随着影响创业的因素发生变化，创业风险的大小也会发生变化。

5. 可识别性

根据创业风险的特征和性质来看，创业风险是可以被识别和划分的。

6.相关性

创业风险与创业的行为密切相关,应对同一风险,采取不同的对策,将会出现不同的结果。

二、创业风险的类型

(一)按创业风险产生的原因划分

按创业风险产生的原因,创业风险可分为主观创业风险和客观创业风险两种。

1.主观创业风险

主观创业风险是指在创业阶段,由于创业者的身体与心理素质等主观因素而导致创业失败的可能性。

2.客观创业风险

客观创业风险是指在创业阶段,由于客观因素而导致创业失败的可能性,如市场变动、政策变化、资金不足等。

(二)按创业风险的内容划分

按创业风险的内容,创业风险可分为技术风险、市场风险、政治风险、管理风险、生产风险和经济风险六种。

1.技术风险

技术风险是指由于技术方面的因素及其变化的不确定性而导致创业失败的可能性。

2.市场风险

市场风险是指由于市场的不确定性而导致创业者或创业企业蒙受损失的可能性。

3.政治风险

政治风险是指由于战争、国际关系变化或因国家政权更迭、政策改变而导致创业者或企业蒙受损失的可能性。

4.管理风险

管理风险是指在企业管理运作过程中因信息不对称、管理不善、判断失误等产生的风险。

5.生产风险

生产风险是指企业在原材料、设备、技术人员、生产工艺及生产组织等方面存在的难以预料的风险。

6.经济风险

经济风险是指由于宏观经济环境发生大幅变化或调整而使创业者或创业投资者蒙受损失的风险。

（三）按创业风险对资金的影响程度划分

按创业风险对资金的影响程度，创业风险可分为安全性风险、收益性风险和流动性风险三种。创业的投资方包括专业投资者与投入自身财产的创业者。

1.安全性风险

安全性风险是指从创业投资的安全性角度来看，不仅预期实际收益有遭受损失的可能，而且专业投资者与创业者自身投入的其他财产也可能蒙受损失，即投资方财产的安全性不高。

2.收益性风险

收益性风险是指创业投资方的资本和其他财产不会蒙受损失，但预期实际收益有遭受损失的可能性。

3.流动性风险

流动性风险是指投资方的资本、其他财产以及预期实际收益不会蒙受损失，但资金可能不能按期转移或支付，造成资金运营的停滞，使投资方蒙受损失的可能性。

（四）按创业过程划分

创业活动须经历一定的过程，一般而言，创业过程可分为四个阶段：识别与评估机会、准备与撰写创业计划、确定并获取创业资源、新创企业管理。按照创业的过程，创业风险可分为机会的识别与评估风险、准备与撰写创业计划风险、确定并获取创业资源风险和新创企业管理风险四种。

1.机会的识别与评估风险

机会的识别与评估风险指在机会的识别与评估过程中，由于各种主客观因素，如信息获取量不足，把握不准确或推理偏误等，而使创业一开始就面临方向错误的风险。另外，机会风险（即由于创业而放弃了原有的职业所面临的机会成本风险）也是该阶段存在的风险之一。

2.准备与撰写创业计划风险

准备与撰写创业计划风险指创业计划的准备与撰写过程带来的风险。创业计划往往是创业投资者决定是否投资的依据，因此创业计划是否合理将对具体的创业产生影响。创业计划制订过程中各种不确定性因素与制订者自身能力的限制，也会给创业活动带来风险。

3.确定并获取创业资源风险

确定并获取创业资源风险指由于存在资源缺口，无法获得所需的关键资源，或即使可获得，获得的成本也较高，从而给创业活动带来一定的风险。

4.新创企业管理风险

新创企业管理风险主要是指在选取管理方式、创建企业文化、制定发展战略等方面存在的风险。

（五）按创业与市场、技术的关系划分

按创业与市场、技术的关系，创业风险可分为改良型风险、杠杆型风险、

跨越型风险和激进型风险四种。

1. 改良型风险

改良型风险是指利用现有的市场、现有的技术进行创业所存在的风险。这种创业风险最低，经济回报有限。创业者一方面会遭遇已有市场竞争者的排斥或面临进入壁垒的限制；另一方面即便进入，想要占有一定的市场份额也非常困难。

2. 杠杆型风险

杠杆型风险是指利用新的市场、现有的技术进行创业所存在的风险。对于一个全球性公司来说，杠杆型风险往往是地理上的，常见于挖掘未开辟的市场。

3. 跨越型风险

跨越型风险是指利用现有市场、新的技术进行创业所存在的风险。该风险稍高，主要体现在创新技术的应用方面，往往反映了技术的替代性，是一种较常见的情况，常见于企业的二次创业，领先者可获得一定的竞争优势，但模仿者很快就会跟上。

4. 激进型风险

激进型风险是指利用新的市场、新的技术进行创业所存在的风险。该风险最大，如果市场很大，则可能带来巨大的商机。对于第一个行动者而言，其优势在于竞争风险较低，但是知识产权保护力度很弱，市场需求不确定，确定产品性能有很大的风险。

（六）按创业中技术因素、市场因素与管理因素的关系划分

按创业中技术因素、市场因素与管理因素的关系，创业风险可分为技术风险、市场风险和代理风险三种。

技术风险、市场风险前面已有介绍。代理风险是指在资产所有权和经营权相分离的状态下，由于委托人与代理人在目标、动机、利益、权利、责任

等方面存在差异，委托人面临因将资产的支配权和使用权转让给代理人而可能遭受利益损失的风险。

这三类风险相互作用，使得创业企业的运作更加复杂，并且在创业企业的不同发展阶段，各种风险的性质也会发生一定的变化。

三、创业风险的识别

风险识别是应对一切风险的基础，只有识别了风险，才可能有化解风险的机会。同时风险也是一种机遇，应该发挥它的积极作用。简单来说，所谓创业风险识别，是指大学生创业者依据企业活动，运用各种方法对创业企业面临的现实以及潜在风险加以判断、归类并鉴定风险性质的过程。

（一）树立风险识别的基本理念

创业者应该树立识别企业风险的基本理念，主要包括以下几个方面：

1.有备无患的意识

创业风险的出现是正常的，带来一些损失也是正常的，创业者既不能怨天尤人，也不能骄傲轻敌。关键的问题是要密切监视风险，减少损失，转化不利因素，甚至可将其转化为盈利的机会。

2.识别风险的能力

发现和识别风险，是为了防范和控制风险。如果创业者在企业未发生损失之前就能够识别风险，那么这个风险是可能被管理的，因此风险识别是进行风险管理的基础。

3.未雨绸缪的观念

要想应对创业风险，创业者就需要对创业活动的迹象、信息进行归类，认识风险产生的原因和条件。创业者不仅要识别所面临风险的性质及可能的后果，更重要的（也是最困难的）是识别创业过程中各种潜在的风险，为采取有效措施提供依据。

4.持之以恒的精神

由于创业风险存在于整个创业过程中，同时风险具有可变性和相关性的特点，所以创业者必须做好打"持久战"的准备。风险的识别工作应该连续地、系统地进行，并成为企业一项体系化、制度化的工作。

5.实事求是的态度

虽然风险识别是一个主观过程，但是创业者必须遵循客观规律。风险识别是一项复杂而细致的工作，要按照特定的程序、步骤，选用适当的方法，逐层地对各种现象进行分析，并对企业进行实事求是的评估。

（二）了解风险识别的方法、步骤及实施中应注意的问题

1.基本方法

一般而言，风险识别的方法包括信息源调查法、数据对照法、资产损失分析法、环境扫描法、风险树分析法、情景分析法、风险清单法。有能力的企业也可以自行设计识别的方法，如专家调查法、流程图分析法、财务报表分析法等。

2.实施步骤

一是信息收集。首先要通过调查、问询、现场考察等途径获得数据；其次，需要敏锐的观察和科学的分析，以对各类数据进行处理。

二是风险确定。根据信息分析结果，确定风险或潜在风险的范围。

三是重点评估。根据量化结果，运用定量分析、定性分析以及假设、模拟等方法，进行风险影响评估，预计可能发生的后果。

四是拟订计划。提出规避风险的方法和行动方案。

3.实施中应注意的问题

首先，信息收集要全面。收集信息可以通过两个途径：一是内部积累或者专人负责；二是借助外部专业机构的力量。后者可获得足够多的信息资料，

有助于较全面、较好地识别面临的潜在风险。

其次，因素罗列要全面。根据企业在运营过程中可能遇到的风险，逐步找出一级风险因素，然后进行细化，延伸到二级风险因素，再延伸到三级风险因素。例如，管理风险属于一级风险因素，管理者素质属于二级风险因素。

最后，最终分析要综合各方面的信息，既要进行定性分析，也要进行定量分析。

四、创业风险的评估

创业风险评估的内容包括：①对风险本身的界定，包括风险发生的可能性、风险强度、风险持续时间、风险发生的区域及关键风险点。②对风险作用方式的界定，包括风险对企业的影响是直接的还是间接的、是否会引发其他的相关风险、风险对企业的作用范围等。③对风险后果的界定。在损失方面，如果风险发生，可能对企业造成多大的损失？如果避免或减少风险，企业需要付出多大的代价？在冒风险中获得利益方面，如果企业冒了风险，可能获得多大的利益？如果避免或减少风险，企业得到的利益又是多少？

五、创业风险的应对

风险应对是创业者在风险评估的基础上，选择最佳的风险管理技术，采取及时有效的方法进行防范和控制，用最经济合理的方法来综合处理风险，以实现最大安全保障的一种科学管理方法。常用的风险应对方法有风险避免、风险自留、风险预防、风险抑制和风险转嫁等。

风险避免是指没有办法回避损失发生的可能性，创业者选择从根本上回避特定的风险，或中途放弃某些既有的风险带来的利益。这种方法是一种消极的风险管理方法，通常当某种特定风险所导致损失的概率相当高时，或者采用其他方法管理风险不符合成本效益原则时才采用。

风险自留是指创业者自我承担风险损失的一种方法。这种方法常常在风险所致的损失概率较低和影响较小、损失短期内可以预测以及最大损失不影响创业活动的正常进行时采用。

风险预防是指在风险损失发生前，为消除或减少可能引发损失的各种因素而采取的处理风险的具体措施。其目的在于通过消除或减少风险因素而达到降低损失发生概率的目的。这种方法通常在损失概率高且影响小时使用。

风险抑制是指在损失发生时或损失发生后，为减少损失影响而采取的各种应对措施。这种方法常常在损失影响大且风险又无法避免或转嫁的情况下采用。

风险转嫁是指创业者为避免承担风险损失，有意识地将损失或与损失有关的财务后果转嫁给他人承担的一种风险管理方法。

创业者或初创企业要针对风险评估的结果和具体的评估环境，选择适合的风险应对方法，采用科学的风险应对策略。

六、创业各阶段风险与防范

大学生要创业就一定要在风险和收益之间进行抉择，既不能为了收益而不顾风险，也不能因害怕风险而错失良机，而是要在争取实现目标的前提下，管理风险、控制风险、规避风险，这才是创业者对待风险的正确态度。

（一）创业启动阶段风险来源及防范

大学生创业启动阶段的风险主要来源于创业计划的内容被泄露、仓促上阵、创业团队内讧、计划不明、资源不足、前期开支过高、选址不当、对市场环境和竞争对手缺乏了解等。

大学生创业启动阶段风险的防范做法有：严格筛选项目；有效保护创业创意和商业机密；认真选择创业伙伴；密切关注资金风险和技术风险；注重组建营销队伍；采用迂回战术竞争，设法分散和转嫁风险；等等。

（二）创业起步阶段风险来源及防范

大学生创业起步阶段的风险主要来源于孤军奋战、目标不明确、缺乏流动资金、管理混乱、缺乏市场调研等。

大学生创业起步阶段风险的防范做法有：着力抓好"人"和"财"两个关键点；防范并化解市场风险；不断调整和巩固经营业务；探索简洁实用的商业模式，把有限的资源集中于实现创业目标上；等等。

（三）创业成长阶段风险来源及防范

大学生创业成长阶段的风险主要来源于盲目冒进、用心不专、家庭压力等。

大学生创业成长阶段风险的防范做法有：尝试授权，学会解脱；完善组织架构，规范决策流程；建立风险责任机制，趋利避害；完善激励机制，凝聚人才；提高核心竞争力，靠战略赢得胜利；等等。

第五章　大学生创业者与创业团队

第一节　创业者

一、创业者的定义和类型

（一）创业者的定义

创业者是指开拓性地将商业机会转变为经济实体，并扮演经济实体中组织、管理、控制、协调等关键角色的个人。

（二）创业者的类型

创业是复杂的社会活动和职业行为，从不同角度去划分可分为不同的类型。最常见的是按照创业目标进行分类。按照创业目标的不同，创业者可分为以下三类：

1.谋生型创业者

大部分创业者在初期主要是出于谋生的压力或为了提升生活条件而选择创业。他们创业主要是为了维持生计，为了有稳定的经济来源。很多这样的创业者可能并不将自己视为"创业者"，但他们在努力谋生的过程中，逐渐积累了资源和经验，并凭借对生活的执着和对家庭的责任感，向创业的方向迈进。在我国，许多创业者，如个体经营者，实际上都是这种谋生型的创业者。他们大都是看准市场中的某个机会创业，而这些机会往往限于贸易领域。大多数谋生型创业者的起始资金有限，发展的空间也相对受限。但也有一些谋生型创业者建立的企业随着时间的推移，走上了更加长远和稳定的发展之路。

在初创期，谋生型创业者建立的企业不需要太多复杂的管理，创业者通常会亲自参与各个环节。但随着业务的拓展、企业规模的扩大，他们就需要开始考虑加强企业的管理和完善内部制度，以避免停滞不前，始终保持发展的动力。

2.投资型创业者

投资型创业者通常基于已积累的经济实力进行创业，他们利用自己的财务和资源优势，寻找并投资具有潜力的项目。他们的核心目标是获得更为丰厚的经济利益。

3.事业型创业者

事业型创业者的动力在于实现个人的生命理想，他们视创业为人生的长远追求。这些创业者热衷于探索、创新，希望突破常规，通过自身的努力达到自我实现并获得社会尊重。他们往往经过了一系列的市场考验，对自己的目标有着清晰的认识，并擅长发掘和利用新的商业机会。

值得注意的是，谋生型创业者、投资型创业者和事业型创业者的划分不是绝对的。随着创业过程的深入，谋生型创业者也有可能为了更广阔的前景而转变为投资型创业者或事业型创业者。

二、创业者的能力

能力是个体在完成一项任务或者达成一个目标时所体现出来的综合素质，它总是与实践相联系的。离开了具体实践既不能表现人的能力，也不能发展人的能力。商场如战场，创业者要想在风云变幻的创业环境中运筹帷幄，至少需要具备以下几方面的能力：

（一）战略领导能力

企业战略根据长期目的、实施方案以及优先配置资源来定义其方向。战略的核心是让企业持久地占据竞争上风，这意味着对外部的机会与风险以及内部的强项和弱点进行响应。确定企业的竞争范围就意味着描绘了企业的前进路线。战略决策不仅是企业成功的关键，也可能是其失败的原因。战略领导能力涉及战略思考、计划和制定，这也是创业者需要具备的核心能力。

（二）决策与学习能力

准确的决策是确保创业流程无阻的关键。无论是快速抓住商业机会还是应对创业中的竞争与考验，都要求创业者具备能迅速做出准确决策的能力。做出正确的决策首先需要创业者具备信息采集与分析技能，能够对各种隐藏在竞争、政策、人力和资金流转中的机会和风险进行深入探索；其次，创业者需要广纳众议，持续学习与反思，不断创新，吸取经验，修正策略，确保企业健康发展。

（三）经营及组织能力

这是关于如何管理团队、资金和企业内部工作流程的能力。这种能力是一种高级的综合性才能，涵盖了开发市场、组织生产、组建团队、建立企业文化和灵活应对各种情况等方面。

（四）整合资源的能力

整合资源的能力关乎如何通过组织与调配，把企业内外的各个部门和合作伙伴汇集为一个服务于客户的有机系统。这要求创业者能够巧妙地维护与外部各方的关系。此外，维护良好的人际关系、拓展人脉并借助关系网获取信息和资源是不可或缺的，可以助推创业者事业的发展。

（五）持续学习的能力

创业者的专业知识储备在一定程度上决定了企业的核心竞争力。与此同时，持续学习能力的高低则关乎创业者能否紧跟行业的快速发展。强大的学习能力成为创业者不可或缺的品质，因为这决定了企业的发展节奏。

三、创业者的创业动机

（一）创业动机的定义

创业动机涉及那些促使创业者战胜创业之路上的内部和外部困难，体现为他们在创业初期所持有的目标。这种动机通常影响创业者在诸如选择行业、确定目标等方面的决策和价值取向。它来源于个体的思维模式和成长背景，综合了个体对自己、周围环境、价值观和期待的认知，是创业活动的起点和核心推动力。

（二）创业动机的种类

我们可以从多个维度对创业动机进行分类，常见的有追求成就感、追求独立自主和提高家庭及个人经济水平。而对于大学生群体，他们选择创业的原因与一般创业者有所不同。考虑到他们所处的特定阶段和环境，他们的创业动机主要包括以下四个方面：

1.为了生存而创业

一些大学生可能因为生存而选择了创业。他们可能无法找到一份高薪工作，或者他们原来的工作无法满足他们的生活需要。创业成为他们的一种谋生方式，他们渴望通过自己的努力，获得更好的经济收益。

2.为了积累经验而创业

通过创业，大学生可以锻炼自己组织协作、资源利用、市场营销等多方面的能力。这些经验不仅可以帮助他们在未来的职业生涯中更好地适应和胜任工作，也可以帮助他们更好地了解社会和市场，提高自己的综合素质。

3.为了实现自我而创业

研究发现，25～29岁这个年龄段的人往往具有较强的创造力，此时他们对新事物充满了渴望和期待。他们的思维活跃，对创新有浓厚兴趣，同时受到的制约相对较少，他们对个人成长的需求也更加迫切，加之大学生所处的特殊环境，他们更易接触到新技术和学术成果，部分学生甚至拥有自己的研究成果。为了更早地实现梦想，部分学生会投身创业。

4.为了就业而创业

大学生在面对激烈的就业竞争时，会感到很大的压力。特别是在经济不景气的情况下，就业难度会进一步加大。在这种情况下，创业成为一种选择，通过自主创业，大学生可以创造自己的就业机会，缓解就业压力。

（三）创业动机的驱动因素

创业动机是个体创业行为的驱动力，是一个非常复杂的心理现象，其产生受有机体内外多种因素的影响。创业动机的驱动因素可分为两大类：社会诱因和个体诱因。

1.社会诱因

每个创业者背后都有独特的故事。据研究，激励创业者走上创业之路的原因主要有以下三个：

（1）创业的拉动效应

创业的拉动效应是一种积极的引导，能够鼓励一些人积极投身创业。这种效应通常通过潜在的合作伙伴、创业导师、父母等渠道产生。潜在的合作伙伴通过共享经验、提供工作上的支持或者分担风险等方式，激发创业者的创业热情。创业导师则可以为创业者介绍社会和经济关系网络中的社会资本和资源，有助于创业者的发展。研究表明，25%到34%的创业者的父母，会对子女的创业有积极影响。此外,最初提供资金支持的投资者也能够坚定创业者的信心,对创业活动的实施起到关键作用。

(2)创业的推动效应

创业的推动效应是另一种积极的动力,有助于激发创业者的积极性。这种推动因素包括职业经验和教育背景等方面。职业经验可以为创业者提供机会,而教育背景则为创业者提供了必要的知识和技能。

一般而言,两种类型的职业经验可帮助创业者走上创业之路。首先是行业路径,即个人在某个特定行业内积累了丰富的经验和知识,这为创业者的创业打下了坚实的基础。一些创业者在他们之前工作或实习的行业内具备独特的资源和优势,能够敏锐地抓住行业变革和市场机会,通过创办新企业来填补市场空白。这通常是因为他们对所在领域非常熟悉。例如,技术领域的人员可能会开发新产品或技术,如果在原有企业无法得到认可,他们可能会离开原有企业而创立自己的企业。同样,销售领域的人员可能因了解市场和客户需求而离开原有企业并创办新企业以满足市场需求。这些创业者通常会依赖他们在特定行业领域的专业知识来创建新企业。

其次是岗位路径,即在关键职务上工作过的人,如律师、会计师、管理咨询师等,他们凭借自身的工作经验或人际关系,可以更容易地发现他人未能察觉的商业机会。他们通常拥有足够的创业资金和商业技巧,当商机出现时,只需组建高效的管理团队,就能成功实现创业。

总之,不同类型的职业经验会引发不同类型的创业路径依赖,创业者通常会依赖这些路径来创办自己的企业。通常,采取"先就业,后创业"的策略可以提高创业的成功率。

(3)创业环境和创业政策激励创业

创业环境和创业政策在激励创业方面发挥着至关重要的作用。一个良好的创业环境可以刺激更多的人投身创业,促进创新和经济增长。同时,有利于创业的政策可以为创业者提供支持和激励,从而降低创业风险。

首先,创业环境的重要性不可忽视。市场竞争激烈可以促使创业者提高产品或服务的质量，提出更具竞争力的解决方案。融资渠道的多样性可以为初创企业提供更多筹资选择，降低创业的金融风险。稳定的法律法规和鼓励创新的政策可以为创业者提供法律保障和市场准入机会。

其次，创业政策的制定和执行对创业的激励也至关重要。政府可以通过一系列政策来支持创业者，如税收减免、创业贷款等。这些政策可以减轻创业者的财务负担，提高创业的成功率。此外，政府还可以制定政策来促进创新研发，加强知识产权保护，推动科技创新。这些政策可以为创新型企业提供更多的支持，推动技术进步和产业升级。

总之，创业环境和创业政策是激励创业的重要因素。一个良好的创业环境和有利于创业的政策可以刺激更多的人参与创业，推动经济的发展和社会的进步。因此，政府和社会各界应该共同努力，营造良好的创业环境，为创业者提供更多的机会和支持，使其积极进行创新创业。

2.个体诱因

（1）个体差异

个体差异在创业道路选择中起着重要作用。以往的研究表明，个体的性别、经济状况、教育程度，以及家庭因素，如父母的价值观念、文化程度和职业种类等都对创业者的创业决策产生影响。

①性别差异是一个显著的因素。研究发现，男性更倾向于选择自主创业，而女性则可能更多地倾向于寻求就业而非创业。这种差异可能与社会文化和性别角色期待有关。

②个体的经济条件也会影响创业选择。那些家庭经济条件不太好的个体可能更有动力选择创业，因为他们希望通过创业来提高生活水平。家庭经济条件相对较好的人可能更多地受到成就动机和自我实现的驱动，更容易选择创业。

③个体的教育程度也是一个重要因素。通常情况下，受过良好教育的个体更有可能具备创业所需的知识和技能，因此他们更容易选择创业作为职业路径。

④家庭因素也会影响创业决策。如果个体的父母曾经是创业者，那么个体可能更倾向于追随父母的脚步选择创业。

综合来看，个体差异包括性别、经济条件、教育程度和家庭因素多个方面，这些都在一定程度上影响着个体在创业道路上的选择。这些因素相互交织，形成了不同个体在创业决策上的独特路径和动机。

（2）心理诱因

每一个创业者都有其特殊的需求、追求和愿望。心理学家通过研究试图对创业者的创业动机以及影响创业行为的心理因素进行解释。

驱动创业的激励因素多种多样，创业的主要动机也因人而异。

①改变家庭和个人的经济状况。金钱并不是创业者在创业过程中的唯一追求，真正有远见和目标的创业者更看重通过自己的专长和技能为社会带来更大的价值。他们追求的是内在的成就感、对事业的投入和对社会作出的贡献。然而，收益确实对许多人的创业意愿产生了影响，尤其是那些因收入不足而难以维持生计的人，创业成为他们改变经济现状、提高生活品质的途径。这种经济驱动并不是出于贪婪，而是出于对更好生活的向往和对家人的责任感。

②对成就的需要。对于成就的需要或欲望是驱动许多创业者前进的核心动力之一。当人们有强烈的欲望去实现自己的目标、完成某项任务或者达到某种成就时，他们往往会展现出更积极的态度以及更高的决策能力。而在商业领域，这种驱动力可以转化为发掘新的市场机会、开创新业务或者改进现有的产品和服务。

戴维·麦克利兰（David McClelland）的研究有助于我们对这种动机进行深入了解。他认为，那些具有高度成就需求的人倾向于：

第一，自我设定挑战性目标。他们会为自己设定明确且有时是极具挑战性的目标，并全心投入以实现这些目标。

第二，愿意承担风险。他们不是盲目冒险，而是喜欢计算后的风险，也就是说，他们在决策时会考虑风险与回报，选择中等风险的路线，既不过于保守，也不轻易冒险。

第三，追求反馈。这类人渴望知道他们的表现如何，他们会积极寻求反馈，不仅是为了了解自己的进展，还希望不断调整和优化自己的策略。

因此，如果一个社会充满了对成就有强烈需要的人，那么这个社会可能会催生更多的创业活动。这是因为这种环境鼓励人们去追求他们的梦想，进行创造和创新，而不是满足于现状。在这样的环境中，人们更容易找到与自己的目标和价值观相符的机会，并将这些机会转化为实际的商业活动，从而推动整个社会的进步和繁荣。

③对独立性的偏好。通常，创业者都有追求独立的决心，没有这份决心，他们难以独自面对创业路上的风波。深藏在创业者心中的，是那种强烈的愿望——按自己的意愿行事，愿意承担个人失误的后果，并以其独特的视角看世界，期待能完全掌控个人命运。许多创业者在开始创业之前，或感受到在之前的工作中无法充分展现才华，或觉得工作内容并不是他们真正热爱的。于是，他们不愿仅仅是他人的雇员，他们的独立欲望驱使他们开始自己的事业，以自己喜欢的方式做事，以此来实现自己的生命目标。这群怀有梦想、追求成功、期待激励的创业者，成为推动社会前进的动力。

第二节　创业团队

一、创业团队及其作用

（一）对创业团队的理解

创业团队是创业者在创业过程中组建的，以实现创业目标、满足共同价值追求为共同目的，甘愿共同承担创业风险和共享未来收益并紧密结合的工作团队。

创业团队的内涵包含以下几方面：

①创业团队是一种特殊群体。团队是由一些有互补技能、愿意为实现共同目标相互信任、自觉合作、积极努力的人组成的凝聚力很强的社会群体。创业团队首先是一种群体，由两个以上的人员组成，但与普通的群体有很大的不同。

②创业团队组建的目的是实现共同的创业目标和价值追求。目标以企业的愿景、战略的形式体现，为团队指明方向。团队成员为共同的目标和价值观协作奋斗，形成较强的凝聚力，继而形成一种精神。

③创业团队共享收益，共担风险。共同的利益和风险，不仅可以使创业团队成员之间互补，提高创业者对企业的驾驭能力，还有利于形成强大的资源整合能力并获得多个融资渠道，降低新企业的失败风险，同时提高企业抵御风险的能力。

④创业团队绩效大于所有成员独立工作的绩效之和。创业者之所以寻求团队合作，是因为团队成员之间的知识、技能、经验、人脉等方面形成互补，通过协作可发挥出"1+1＞2"的协同效应。

⑤创业团队是高层管理团队的基础和最初的组织形式。创业团队在企业成长的初期和早期起着非常重要的作用，而高层管理团队则是创业团队组合形式的延续。

（二）创业团队的作用

与个体创业相比较，团队创业具有多方面的优势，对创业成功起着举足轻重的作用，主要表现在以下几方面：

1.知己知彼，利于合作

一支优秀的创业团队的所有成员都应该相互熟悉、知根知底。一般来说，一个团队里的成员应志趣相投，彼此信任，相互认可，有理念上的一致性和知识结构上的相近性。作为创业团队的核心人物，带头人应具有远见、威望、魄力和决断力，是团队成员在合作共事的过程中发自内心认可的。这样在团队管理上就会自发地形成凝聚力，从而使团队的合作更加高效、愉悦。

2.取长补短，各显灵通

优秀的创业团队应该是成员各有所长、相互补充、相得益彰。创业团队成员的互补不仅体现在知识、技能、性格、经验方面，还体现在资源、人脉、信息等方面。创业团队可以使企业获得更多的资金、技术、经验、信息，创业资源会更加丰富，团队成员之间的互补可使企业更具创新力和竞争力。

3.群体决策，避免冲动

群体决策比个人决策的决策信息更丰富、决策维度更广阔，相对决策质量更高。另外，团队成员都参与并且意见被尊重，决策的认可度会更高，也避免了个人冲动，降低了决策风险。

二、创业团队的组建

（一）创业团队的组建原则

1.目标一致原则

一致的目标能够为团队成员指引方向和提供动力，使团队成员紧密地团结在一起，努力奋斗形成合力。

2.精简高效原则

为了降低创业期的运作成本、最大比例地分享成果，创业团队的结构应在能保证企业高效运作的前提下尽量精简，一般创业团队在3～5人较为适宜。

3.人员互补原则

这一原则是组建创业团队时最重要的一个原则。建立优势互补的创业团队是保持团队稳定的关键。在创建团队时不仅要考虑成员之间的人际关系，还要考虑成员之间在能力上和技术上的互补性。

4.分工明确原则

分工明确的最佳状态是所有工作都责任到人且不交叉重复,每个成员的权责信息都应公开透明,这样有利于降低交易成本,提高组织效率。应特别注意,在一个团队中,不能出现两个核心成员优势重复、职位重复的现象,这必然会引发矛盾,最终导致整个团队的分散。

5.动态开放原则

稳定的团队构成有利于企业的运营,但是没有一个企业的团队在创建之后是固定不变的。创业过程的不确定性,团队观念、成员能力方面的因素可能导致团队内部结构的调整,也有可能会出现原有成员的退出或者新成员的加入。因此,在创建团队时要注意保持团队的动态性和开放性。

(二)创业团队的人员选择

俗话说:"宁要一流的人才和二流的项目,也不要一流的项目和二流的人才。"团队的力量越来越被创业者看好。然而,怎样才能选到合适的人才?什么样的人才才能组建一个优秀的团队?

要想解决以上问题,需要从以下几方面进行分析:

1.加入目的

商业合作必须有三大前提:一是双方必须有可以合作的利益;二是双方必须有可以合作的意愿;三是双方必须有共享共荣的打算。创业团队要想共享共荣,就不能以发财为最终目标,一定要有某种程度的理想主义情怀,如将产品做到极致、改变世界等追求。对于一个创业团队来讲,如果每个成员仅把自己做的事情当作一种养家糊口、解决财务问题的工具,那么这个团队很快就会分散。总之,团队成员要有除金钱之外共同的价值追求,要有一荣俱荣、一损俱损的决心,要对工作有满腔热血。

2.彼此了解的程度

创业团队所有成员应尽量互相熟悉，知根知底。对于大部分创业团队而言，其成员大都是来自创业者的同学、朋友、亲戚、同事等熟人圈，这样能避免因团队成员之间不熟悉而造成的矛盾、纠纷，从而强化团队的向心力和凝聚力。当然，当创业者在熟人圈里无法找到合适的合作伙伴时，也可以通过媒体广告、亲友介绍、招商洽谈、互联网等形式寻找合适的人选，这个过程中彼此的了解也必不可少。无论是已熟悉的人选，还是新发掘的成员，创业者在创业之初，都要把团队成员最基本的责、权、利讲清楚，尤其是股权、利益分配，包括增资、扩股、融资、撤资、人事安排及解散等。这样企业在发展壮大后，才不会出现利益、股权分配矛盾，才不会影响创业团队的团结合作。

3.角色安排

一个结构合理的团队应该由创新者、实干者、凝聚者、协调者、推进者、监督者、技术专家等人员组成。在寻找合作伙伴之前，首先需要确定合作目标；然后根据目标规划合作伙伴的职责，有目的地去寻找团队成员，让团队成员担任不同的角色。团队成员的组成要遵循人员互补原则和分工明确原则，并对成员进行合理定位，团队成员之间互相弥补不足、权责分明才能提高生产力、鼓舞士气、激励创新。

4.团队成员的个人素质

首先，相似的价值观念可以使团队成员在工作中更好地理解彼此，并能够减少潜在的分歧和冲突。如果团队成员之间的价值观念差异过大，则可能导致他们在关键问题上出现分歧，甚至可能导致团队内部的分裂。

其次，成员的道德观念对于团队的运行也至关重要。一个有着高道德标准的团队可以更好地维护和实现其长期目标，而不会为了短期的利益牺牲其长期的利益。

其他的个人素质，如责任感、自我约束力、诚信等，也是选择团队成员时应关注的方面。这些素质可以帮助团队成员更好地完成任务，更有效地解决问题，以及更有效地与他人合作。

（三）创业团队的组建形式

目前，国内外学者一般认为常见的创业团队有星状、网状、虚拟星状三种组建形式。

1.星状创业团队

星状创业团队也叫领袖型创业团队，团队中有一个核心人物充当主导角色，其他团队成员更多时候扮演的是支持者角色。往往是核心人物在有了创业的想法，并且具备较为成熟的技术或创意，甚至已经拥有了资金的情况下，根据自己对企业的规划和需要寻找专业的人员参与。这些加入团队的成员可能是核心人物熟悉的，也有可能是不熟悉的。

这种创业团队的特点是：①组织结构紧密，向心力强，主导人物在组织中对其他个体影响较大；②决策程序简单，效率高；③容易出现权力过分集中的情况，决策风险加大；④由于核心人物的特殊地位，团队成员的流失风险较大。

2.网状创业团队

网状创业团队也叫伙伴型创业团队，由志趣相投的伙伴组成，他们一致认同创业想法，共同创业，没有明确的核心人物，大家根据各自的特点自发定位，各成员基本上扮演协作者或者伙伴的角色。此类创业团队成员一般在创业之前就有密切的关系，如同学、同事、亲友等。

这种创业团队的特点是：①成员地位平等，利于沟通交流；②成员关系密切，便于达成共识；③一般情况下，成员稳定性较强，不轻易离开；但冲突升级后成员会撤出团队，易导致整个团队分裂；④集体决策，决策效率低；⑤成员地位相似，容易形成多头领导的局面。

3.虚拟星状创业团队

虚拟星状创业团队也叫核心型创业团队，这种创业团队是由网状创业团队演化而来的，基本上是前两种创业团队的中间态。该团队中有一个核心人物，但是核心人物地位的确定是团队成员协商的结果，该核心人物从某种意义上说是整个团队的代言人，而不是主导人物，其所做的决定必须充分考虑其他团队成员的意见，不如星状创业团队中的核心人物那样有权威。

这种创业团队的特点是：①核心人物的存在使管理不再疲软无力，团队也不易分裂；②核心人物的行为必须充分考虑团队其他成员的意见，使其拥有的权限不像星状创业团队那样过多。

三、创业团队的管理

（一）创业团队生命周期管理

随着创业者个体的成长、创业项目的推进，创业团队也会逐步成长。创业团队的生命周期一般分为成立期、动荡期、稳定期、高效期、转变期五个阶段。各阶段的管理技巧如下：

1. 成立期管理

该阶段的显著标志是团队刚组建，成员士气高昂，对未来有美好的憧憬，团队成员热情、亲切，彼此彬彬有礼，但是缺乏一起创业的经验，在工作中表现出对管理者的依赖。此时，团队最主要的任务是减少不确定性，在团队内部互相考验和评价，积累在一起工作的经验，同时发展能够帮助团队创业活动的外部社会网络。

2. 动荡期管理

这个时候，团队成员感受到了理想与现实的差距，对现实产生不满，创业的热情遭遇打击，士气低落；团队成员彼此熟悉，由于利益冲突，团队成员开始争夺职位和权力，团队中出现"小团体"，领导者的威信开始下降，新员工对领导的依赖逐渐减弱。此时，团队成员有人选择离开，有人选择继续战斗。

团队管理者需要把控全局，确立与维护规则，鼓励团队成员对有争议的问题发表看法；对积极的现象及时给予认可和表扬，对团队中出现的消极、不利的现象给予及时纠正，注重营造良好的团队文化氛围；引导成员正确认识成员间的差异，并允许这种差异在团队中存在。利用这种差异有意识地培养团队中的各种角色，尽快提高团队成员的工作能力。

3.稳定期管理

这是团队发展的第三个阶段，经历了前两个阶段的磨合，团队成员基本稳定，成员的工作能力也有所提高，并开始为企业创造价值。而这个时期团队的冲突和派系开始出现，团队领导对派系表现出倾向性。团队成员的工作能力开始显现，团队领导把主要精力从关注团队成员转移到督促成员创造工作业绩上。此阶段的管理者要树立良好的个人形象，在团队中营造良好的沟通氛围，消除团队中的杂音，学会激励团队成员。

4.高效期管理

高效期是团队的黄金时期，此时的团队成员能够胜任各自的工作，团队的士气空前高昂，团队成员对未来充满信心。

这时，管理者需要与团队共同制定更高、更具挑战性的目标，让团队成员看到新的希望。对团队成员的工作业绩给予肯定，并兑现承诺，及时发现高效期表面下的矛盾和问题。

5.转变期管理

该时期，团队业绩下滑、发展空间变小，成员不满足目前的处境，想得到更高的回报；团队不再有共同的目标，团队成员之间的矛盾增多；有些成员的发展速度超过团队的发展速度，于是有了独立门户的想法，此时的团队急需重新界定或者制定新的奋斗目标，重新调整团队结构和工作程序，消除积弊。

（二）创业团队管理策略

1.塑造团队精神，打造企业文化

（1）确立团队领袖

企业需要有权威的主管，创业团队也必须有明确的团队领袖。创业团队领袖是创业团队的灵魂，是团队力量的协调者和整合者。创业团队必须确立团队领袖，团队领袖应责无旁贷地担当权威主管的职责。团队领袖必须有较高的素养和能力来组建、凝聚团队，并在激发团队热情和创造力、维系团队稳定方面发挥重要的作用。除此以外，团队领袖需要在创业过程中随时做好团队成员间的沟通、协调与激励工作，使团队的整体水平不断提高，以适应企业发展的需要。

（2）塑造团队精神

团队精神是大局意识、协作精神和服务精神的集中体现，核心是协同合作，反映的是个体利益和整体利益的统一，并进而保证组织的高效率运转。团队精神能够使团队成员齐心协力，朝着一个目标努力。团队精神则是通过对群体意识的培养，通过队员在长期的实践中形成的习惯、信仰、动机、兴趣等文化心理，来引导队员产生共同的使命感、归属感和认同感，从而逐渐强化团队精神，产生一种强大的凝聚力。团队精神能通过团队内部所形成的一种观念的力量，去约束、规范、控制团队成员的个体行为。这种控制不是自上而下的硬性强制控制，而是由硬性控制向软性内化控制，这种控制更为持久且更有意义，容易深入人心。因此，团队精神的塑造尤为重要。

塑造团队精神主要做好以下工作：

首先，培养团队成员的敬业精神。敬业是积极向上的人生态度，而兢兢业业做好本职工作是敬业精神中最基本的一条。要做到敬业，创业者应具有"三心"，即耐心、恒心和决心，不能一遇到困难就退缩，也不能在情绪低落时就马马虎虎、应付了事。

其次，建设学习型团队。每个成员的学习、每次团队的讨论，都是团队成员思想不断交流、智慧火花不断碰撞的过程。如果团队中每个成员都能把自己掌握的新知识、新技术、新思想与其他成员分享，集体的智慧就会大增，从而达到整体大于部分之和的效果。

最后，建设竞争型团队。竞争型团队必须具有竞争意识，敢于正视自己，敢于面对对手。竞争型团队要提高自身水平和技能，以有效完成团队任务。在建立内部竞争机制时，要知道成员之间的关系是建立在理性基础上的竞争，而不是斗争。要以发展来吸引人，以事业来凝聚人，以工作来培养人，以业绩来考核人，用有效的鼓励和鞭策手段让团队的每个成员都能以积极的心态工作，实现自我和超越自我，从而最大限度地发挥团队力量。

（3）塑造团队文化

高效的团队注重文化的塑造，尤其是共同价值观的培养。团队文化是由团队价值观、团队使命、团队愿景和团队氛围等因素综合在一起形成的。塑造团队文化的关键就是在团队形成与发展的过程中确立团队价值观、团队使命和团队愿景，并以此为基础逐渐形成相应的团队文化氛围。

2.建立责、权、利相统一的团队管理机制

（1）妥善处理团队内部各种利益关系

一是在团队运行的过程中，要明白谁更适合承担主要任务，谁负责承担主要任务的何种责任，而解决这些问题的过程就是妥善处理创业团队内部利益关系的过程。总的来说，团队管理人员要在维持团队稳定性的前提下发挥团队多样性的优势，做到团队成员的优势互补，同时要坚持控制权和决策权的统一。

二是要梳理好团队内部成员间的利益关系。在确定利益关系时，要重视契约精神，明确团队成员的利益分配机制；要体现个人贡献差异并关注成员利益诉求。

（2）制定团队管理规则

要想处理好团队成员之间的利益关系，创业团队就必须制定相关的管理规则。制定创业团队管理规则，要遵循先粗后细、由近到远、一步步精细化和逐层到位的原则。这样既有利于维持管理规则的正常运行，又有利于团队的稳定。

3. 建立有效的激励机制

坚持以人为本是从重视对物的管理转向重视对人的管理，这是当今管理理念的一大进步。只有运用人本管理思想指导企业工作实践，把强化激励机制当作实现人本管理的基本方式，极大程度地调动员工的积极性、主动性和创造性，才有可能确保每一项工作都顺利完成。

实施激励的基本方法如下：

（1）形象激励

良好的企业形象能形成强大的向心力和凝聚力。企业形象是指一个企业在公众心目中的总体印象。良好的企业形象可以带来多种好处，如提高员工的归属感和自豪感、提高企业的声誉和信誉、吸引更多的优秀人才加入等。

强大的向心力和凝聚力是一个企业成功的重要因素。良好的企业形象可以激发员工的积极情感，使他们更加认同企业的文化和价值观，更加愿意为企业的发展作贡献。这种积极的情感可以形成强大的向心力和凝聚力，使员工紧密团结在一起，共同推动企业的发展。

（2）目标激励

目标激励是指通过设置明确的目标来激发员工的积极性和工作动力。这种激励方法通过提高员工的自我意识和目标意识，使员工更加明确自己要追求的最终目标，从而更加积极地投入工作。

目标激励的原理是利用人们对于成功的追求，将这种追求转化为具体的工作动力。当员工达到自己设定的目标或者完成一项任务时，他们会产生成就感和满足感，这种积极的情绪体验可以进一步激发他们的工作热情和动力。

（3）榜样激励

企业领导对自己严格要求，以身作则，发挥带头和示范作用，也会对下属产生很大的影响。古语有言："其身正，不令而行；其身不正，虽令不从。"

企业领导应将重心下移，把服务基层员工、解决员工的问题作为工作的出发点和落脚点，做到与员工"三个一样"，即任务一样分配、收入一样考核、奖罚一样兑现。难点、热点问题在工作中经常出现，此时，领导应当以身作则，争先带头处理，在问题没有得到解决或是任务没有完成的时候，首先追究自己的责任，不推卸责任，进而提高员工的责任感。

（4）制度激励

科学合理的规章制度不仅为职工提供了行为规范、社会评价标准，而且与职工自觉遵守规章制度，实现自我约束、自我规范等密切相关。企业相关人员应根据实际工作需要，制定规章制度和实施办法，并严格执行。领导应自觉接受员工的监督，保证制度的公正性。

（5）竞争激励

企业员工经常会产生倦怠感，这时候就需要企业制定相关的竞争和激励制度来刺激员工，使他们的能力得到尽可能的发挥，不断地提高他们的工作水平与做事效率。

四、创业领导者的行为策略

创业团队的领导者是创业团队的灵魂，是整个团队力量的协调者和整合者，领导者的角色和行为策略对于创业团队的运转乃至创业项目的实施有着至关重要的作用。优秀的创业团队领导者总是有一种能够被人们感知和认可的个人魅力，这种魅力能够潜移默化地影响他人，让他人发自内心地对其产生信赖感、敬畏感。具体分析如下：

（一）终身学习

在商业竞争日趋激烈的今天，企业领导者面临着更新观念、提高技能的挑战，因此需要终身学习。衡量企业成功的标准是领导和员工的创新能力，而创新来源于不断学习，不学习、不读书就接触不到新思想，就不会有新策略。

（二）善于决策

成功的企业领导者总是能快而准地从各种复杂局面中寻找出路、定位目标，能够全面、透彻、深刻地找出问题的关键，为团队指明前进的方向。

（三）尊重他人

优秀的企业领导者，是懂得尊重员工的。他们的尊重体现在乐于倾听员工的意见和想法，并对其进行正面引导；体现在尽己所能满足员工对发展的需求；体现在设身处地地关爱员工的工作和生活。

（四）合理授权

优秀的领导者大都具有一个典型的特征：他们愿意在自己任职期间培养出更多的领导者，而不是下属。在明确的目标下，他们放手让员工去做事并对结果负责，但当员工遇到困难时会挺身而出，帮助其解决问题。

（五）善于激励

优秀的领导者在工作中善于运用激励手段。激励可以调动员工的工作积极性，提高员工的工作动力。通过激励，员工会更加努力工作，从而提升工作效率和质量。激励可以挖掘员工的潜能。当员工感到自己的工作得到了认可和鼓励时，他们会更加积极地探索和尝试新的工作方法和技能，进而提高自己的工作能力。激励还可以提高员工对企业的归属感和忠诚度。

（六）重视构架关系

一个优秀的企业领导会重视架构关系，因为架构关系对于企业的运营和发展至关重要。良好的架构关系可以促进信息流通和协同工作。在一个企业中，不同的部门和团队之间需要进行信息的交流和协作，如此才能实现企业的整体运营和发展。如果处理不好架构关系，信息流通就会不顺畅，协同工作也就难以实现。此外，良好的架构关系还可以提高企业的风险控制能力。企业在运营和发展过程中会面临各种风险，如市场风险、财务风险、政策风险等，如果企业领导者处理不好架构关系，其风险控制能力就会减弱，从而难以应对各种风险和挑战。

五、创业团队的社会责任

企业的社会责任是指企业在创造利润、对股东和员工承担法律责任的同时，还要对消费者、环境承担责任。企业的社会责任要求企业必须摒弃把利润作为唯一目标的传统理念，强调在生产过程中对人的价值的关注，强调对环境、消费者以及对社会的贡献。

依据社会责任与企业关系的紧密程度，可以将企业社会责任分为基本社会责任、中级社会责任、高级社会责任三个层次。基本社会责任是指企业要对股东负责，善待员工。中级社会责任包括对消费者负责，服从政府安排，搞好与社区的关系。高级社会责任包括积极做慈善、投身公益事业。

越来越多的证据表明，企业在社会责任方面的积极履行不仅有助于企业的可持续发展，而且有助于社会和环境的可持续发展。这是因为企业的积极参与有助于员工树立正确的人生观、价值观和责任意识，有助于增强团队的协作能力。同时，企业履行社会责任所表现出的人文关怀和服务又会无形地渗透到企业经营的每一个环节，成为企业道德建设的重要组成部分。

此外，企业承担社会责任、积极支持公益事业，是对企业信誉和社会形象的投资，不仅有助于改善和营造更为和谐的发展环境，而且将对企业的发展产生强劲的支持作用，有利于企业经营绩效的持久提升。

第六章　高校创新创业教育的协同机制

第一节　高校创新创业教育协同机制的设计

当前,我们正处于大众创业、万众创新的时代。因此,高校鼓励大学生与时俱进,发挥自身优势进行创新创业,是一项符合时代发展的重要举措。创新创业教育是高等教育改革发展的突破口和新方向,高校要扎实推动协同育人工作,在创新创业课程建设、教师队伍建设、人才培养等方面进行创新,更好地促进创新创业教育发展,为学生提供良好的就业与发展机会,为经济社会发展提供人才智力支撑。

一、设计原则

(一)创新性与实践性相融合的原则

社会的发展、国家的繁荣、民族的进步离不开创新创业教育的发展。当今世界各国竞争激烈,谁具备创新精神,谁就能在竞争中占得先机。所以,敢于创新、积极进取的高素质人才就成为国家发展不可或缺的因素。以社会服务为导向的高校应在建设创新创业教育体系的过程中,强化社会服务的理念,注重创新创业教育实践。在此基础上,以社会服务为导向的高校应以创新创业为重要目标之一，配合学校在教学、管理、科研等领域的改革，在教育方式、人才培养方面进行革新。创新创业教育是面向全社会的，教育理念、教学模式、学习方法是重要的创新内容。创新创业教育的目的是使学生能够在学习中获得开创性、多元化的思维能力。要想实现这个目的，就需要高校整合多方面的渠道和资源，构建能够满足不同需求的创新创业教育体系。

与传统教育模式相比，创新的思维方式，创业的行动能力，开拓进取、勇于担当的品质是创新创业教育的核心内容，实践能力则是影响学生创新创业的关键因素。实践能力包括身体和心理两个方面，可以通过学校的教学活动与社会生产相结合的方式来培养。

（二）一致性与差异性相融合的原则

培育具有创新思维和实践能力的专业型人才一直是高等教育的主要目标。创新教育是在创业教育的过程中实现的，不能将二者分离，要将创新教育和创业教育相融合，构建创新创业教育机制，协同不同主体，重点培养学生的创新能力、创新思维、创新意识以及敢于开拓、主动承担的精神品质，这是创新创业教育的落脚点。

不同高校受不同因素影响，发展方向并不完全一致，所以各个高校在创新创业教育机制的构建上也不尽相同。

首先，处在不同地域的高校有着不同的社会条件，高校在构建创新创业教育机制的过程中，可利用的社会资源存在差异，这直接影响着高校对创新创业教育实践模式、教育方式的选择。其次，不同高校在人才教育的目标定位上也不完全相同。高校应充分了解不同专业学生的需求，并以专业类型为基础，有针对性地对学生的创新创业教育进行规划，制定个性化的教学目标，完全照搬其他高校的教育模式是不可取的。

（三）主体性与互动性相融合的原则

教师和学生在创新创业教育中发挥着重要作用。以研究为导向的高校，师资力量较强，科研水平较高，教师既可以开展教学工作，又能通过教育让学生获得知识和技能，并引导学生将获得的知识和技能运用到实践中，以满足社会多样化的需求。因此，教师在教学过程中，要帮助学生制定符合其实际的目标，注重培养学生的个人品质，让学生在学到知识和掌握技能的同时，感受到人文关怀。

师生之间的互动在创新创业教育中发挥着重要作用。教师在教学时，要避免单向的灌输式的教学模式，丰富教学内容，创新教学方式，在教学过程中重视与学生的沟通与互动，增进师生之间的了解。教师要及时了解学生的反馈，通过多样的沟通渠道帮助学生提高发现问题、解决问题的能力，增强学生的创新意识和创业精神。

二、设计思路

创新创业教育机制的建立对高校来说是一项艰巨的任务，需要协调多方力量参与其中。与传统教学聚焦学科建设相比，创新创业教育在提高知识水平和技能的基础上，更强调学生与社会的匹配。所以，高校应整合多方资源，协调各方力量参与到教学中，构建创新创业教育机制，为学生提供细致、全面的创新创业指导。大学生创新创业教育将创新作为最根本的教育理念，这是与传统教育思路和模式最大的不同。创新创业教育机制的构建要根据社会和学生的需求确定新的培育标准和目标，高校应将创新意识和创业精神贯彻到教学活动中，并与学校的长期发展目标相结合。高校既要让学生学到基本的知识和技能，又要通过创新创业教育引导学生对知识进行拓展，培养学生发现问题、解决问题的能力，让他们树立创新创业的思维和意识，形成敢于担当、勇于探索的个人品质，从而促进其全面发展。

具体来说，高校可以建立合理的奖励制度。例如，针对学生的创新创业活动，高校应制定激励标准，对有创业意愿的学生提供知识、物质以及政策上的支持。如果学生创业顺利，学校应给予其充分肯定，如果学生创业遇到挫折或失败，学校也不能置之不理，应帮助他们发现问题并给予支持。高校应通过合理的激励制度，帮助学生加深对创业精神的理解，使学生将创业作为步入社会的重要选择之一，让学生在知识储备、专业技能和心理素质上做好准备。

高校在创新创业教育中应始终贯彻创新理念，使创新创业的思维方式渗透到教师队伍的建设和学生的培育中。

在教学方式上，除传统的学校教学外，高校还应注重对学生实践能力的培养，丰富实践课程内容，如举办创新比赛、建设创业基地等，让学生将自己的思考转化为实践，积极锻炼学生主动发现问题、解决问题的能力，通过此过程将学生的创新意识和创业精神激发出来，为学生的创业奠定基础。高校在构建创新创业教育体系的过程中，还应注意传统教育内容与前沿教育理念的结合，只有在传统教育的基础上吸收、应用新的教育理论，才能高效地构建创新创业教育体系，并真正发挥创新创业教育的作用。

三、校企协同设计

（一）校企协同的人才培养

1.校企协同人才培养的功能

高校身处教育改革的一线，应提高自身为经济发展服务和满足社会发展需求的能力。高校应充分整合资源和渠道，以区域经济为基础，构建完善的校企协同机制。处在市场竞争环境中的企业对人才的需求是多样的，高校要重视对学生创新创业教育的投入，为学生提供社会服务的平台，帮助学生更好地与社会需求相匹配。这样既能充分发挥人才对社会经济发展的推动作用，又能提高学校创新创业教育平台建设水平，提升学校的综合实力。

2.校企协同人才培养的目标

作为校企协同创新创业的主体，高校和企业都应参与人才培育目标的制定。企业要想获得符合自身长期发展需求的人才，需要将企业的长远发展目标与人才培育相结合，对人才进行精准定位和培养。以研究为导向的高校应承担起培养创新型人才的责任，和企业共同搭建创新创业人才培养平台。以教学为导向的高校应与企业协作，构建符合社会经济和企业发展需求、能够提高实践能力的人才培养机制。兼具研究和教学导向的高校，应注重培养学生的学习能力、应用能力、实践能力、创新能力等综合技能。

3.校企协同人才培养的措施

高校应满足区域和不同行业经济的发展需求，把学生作为教育的核心，培育符合社会要求的专业型人才，满足高等教育改革和发展的要求；高校应与企业建立多样的合作关系，包括技术研发、学术研究、人才培育及社会服务等，将学校的教学资源和企业的社会资源相结合，推动校企协同发展。

（二）校企协同的教育课程体系建设

创新是社会发展的核心动力，大学生作为高素质人才，无疑是创新的重要力量。在新时代背景下，高校人才培养目标的实现必须以完善的教学体系建设为基础。课程内容不能及时跟上社会经济发展的变化，缺乏与学生的沟通和互动，不能为学生提供充足的实践机会，不符合社会发展的实际要求等，都是传统教育存在的问题。所以，高校和企业应在教学体系建设方面相互协作，共同建设符合高校和企业需求的教育体系。

1.理论课程的体系建设

在理论课程体系建设方面，专业课程和专业基础课程是国内高校专业课程最重要的两个部分。其中，专业基础课程分为理论教学和理论实习、实践两个教学环节，主要目的是丰富学生的基本理论，提高学生的基本技能。

高校的课程设计不应仅局限于本校，还要为学生提供其他学校的选修课程。高校要引导学生选修其他学校的课程，这样不仅能拓宽学生获取知识的渠道，还能提高各学校教育资源的利用效率。社会经济各领域的联系日趋紧密，每一个领域和专业都不可能独立发展，都需要和其他领域加强联系，以此来推动自身的发展。国家的发展也越来越需要具备综合素质的人才，所以选修课程在设置上应注重多元化。学生通过基础课程的学习达到课程要求后，学校应引导学生选修对自己专业有帮助的跨领域学科课程。学生既能通过理工学科提高实践能力，又可以通过人文学科培养人文精神，多学科课程的学习有利于提高学生的综合能力，为培养创新思维奠定基础。具体来说，文科学生选修符合自身发展需求的理工科课程，能锻炼自身的实践能力；理工科学生选修适当的文科课程，能增加社会科学知识的储备，提高自身的文学水平。

当今社会各行各业都在不断发生变化，高校既要围绕社会发展需求开设相关课程，也要随时根据行业变化更新课程内容，以符合社会的发展要求。当前，有的高校与企业的沟通仅限于管理层面的沟通，这使得校企协同的主要参与者缺乏交流与沟通，导致学校对企业的需求了解不足。因此，高校与企业的沟通层面应下移，让双方能够清楚彼此的想法和需求，这样可以减少课程设置的偏差。此外，高校要对所开设课程的相关领域保持高度的关注，时刻掌握行业的发展动态，及时对课程方向进行调整，让学生学到最前沿的行业知识。

2.实践课程的体系建设

为了提高学生的实践能力和创造能力，高校应与企业积极协作，为学生提供能够把理论知识转化为实践的平台。从企业的角度来讲，可以让学生参与与企业发展相关的研究项目和课题，使学生在学校教师和企业相关人员的指导下对项目或课题进行研究。在这个过程中，学生的专业技能能够快速提升。在与企业项目有关的课程设置上，高校应制定合理的学分标准，提高学生的参与积极性。

3.第三学期课程的建设

高校可通过设置第三学期课程的形式来指导学生实习，让学生有机会将学到的理论知识应用到实践中。开设第三学期课程是在高校采用"3+1""3+2"教学方式的基础上开创的新的教学模式。第三学期的设置不影响第一、第二学期的课程计划，它是在前两个学期课程周数不受较大影响的基础上，将第一、第二学期的部分课时转移到第三学期。第三学期的课程有别于第一、第二学期，包括课程设计、综合实验以及专业实习等实践内容。学生通过第三学期的学习，能够将前两个学期所学的理论知识转化为实践能力，并在实践中总结和解决之前学习过程中遇到的问题，从而发挥第三学期的过渡作用。经济社会发展需求变化较快，因此第三学期课程的设置也要不断更新，高校应建立与第一、第二学期教学相关的联动机制。规范的课程设置和充足的资金支持是第三学期教学正常开展的重要条件。第三学期课程的建设应满足以下几点要求：

第一，指导教师在第三学期的教学过程中发挥着重要作用，教师的教学时间和教学难度增加了，所以应适当提高教师的收入水平。

第二，实践课程是第三学期的主要课程，学校的设备损耗会增加。为了确保教学的顺利进行，学校应加大对设备维护的投入力度。

第三，和学生学习生活相关的图书馆、专业教室、宿舍、食堂等的使用时间也要根据学生的课程活动有所调整。

第四，学校要认真做好学生在实习过程中的安全管理工作。每所学校都有不同的特点，因此第三学期的开设没有统一标准，学校应根据实际情况制订符合自身发展的计划。

（三）校企协同人才培养的实施方式

1.订单式培养

订单式培养是指高校和企业签订用人合同，以高校教学资源和企业社会资源为基础，双方共同参与人才培养计划的制订以及人才培养方案的落实，学生通过考核达到培养标准，企业按照合同规定安排学生就业的协作办学模式。

订单式培养的最大优点在于高校、学生、企业之间的关系是平等的，三方都能在人才培养中发挥各自的主体作用。企业应把握好行业发展的方向，根据企业发展的需求确定人才培养数量，以订单形式交由学校对学生进行培养管理。在培养人才的过程中，学校和企业应加强沟通，把握企业和社会发展的需要，协同编制培养方案。企业将行业最新的动向提供给高校，高校则以校企协同编制培养方案的方式对学生进行定向培养，学生达到考核标准并毕业后由委培单位安排就业。

"一班一单"和"一班多单"是订单式培养的两种形式。"一班一单"是指一个企业的职位需求都为同一个专业，而且企业对该职位的需求数量能够组建一个班级。而"一班多单"指的是企业缺少某一领域的专业人才，但是对该类人才的需求量不足以组建班级，为了提高人才培养的效率，多个企业共同下订单，高校则将职能相近的岗位整合在一起，培养学生的职业岗位能力，即一个班级（或专业）与多个企业的订单相对应。

为了保证订单式人才培养的质量，学生可自愿报名。学校将通过初审的学生组织在一起，让他们在企业的实训基地接受培训，通过严格规范的考核提高他们的专业技能，满足企业的需求。学校和企业之间的良好互动是订单式人才培养顺利开展的重要条件，包括招生、专业设置、岗位要求、教学内容与企业生产经营匹配程度等问题，这些都需要双方在确定订单前达成一致。企业应将长期发展规划和需求明确传达给学校，避免培养过程中出现偏差，从而提高培养效率，降低培养成本。

2.学校冠名企业

除了与企业合作培养，高校还可通过冠名企业的方式培养人才，这样有利于减少学生将理论知识转化为实践的约束，提高学生的实践能力和创造能力。在挑选冠名企业的过程中，高校应注意企业的生产经营活动是否与学校的专业方向相符，企业的技术是否成熟等，这些都会影响冠名后人才培养的成效。确定冠名企业后，高校应给予企业科研和资金支持，使其成为学校发展的一部分。

此外，高校还要制定合理的教学标准，在实训基地设置教学经理岗位。理论教师和实训教师的配备应与学生、实验设备的数量相匹配。理论教师和实训教师应注重沟通协作，若学生人数充足，则需设置教学经理助手岗位。高校要通过精细化的管理模式，积极推动校企实训基地的教学内容、标准与企业发展相适应。

实训基地整合了高校和企业资源，为学生提供了实践平台，也是构建创新创业教育校企协同机制的载体。实训基地既能将教学内容带进工厂，又能让学生在企业环境中得到锻炼。企业通过实训基地提高了生产效率，降低了生产成本；学校通过实训基地为企业培养了实用型人才，实现了教育目标。

3.校企教育资源共享

校企协同的培养模式还在不断发展中，学校和企业应同心协力，探索构建校企的沟通交流机制。双方应整合共享人才培养资源，提高人才培养的资源利用效率。企业竞争力的增强、高校科研水平的提升，以及创新创业机制的构建都有赖于校企协同及教育资源的共享。若企业搭建实习平台，高校则应给予企业技术研发支持，以人才协同培养机制为基础，为企业输送专业人才，形成合作共赢的良性互动机制。整合高校的教育资源和企业的社会资源，为学生的培养提供优质资源，不仅有利于创新创业协同机制的构建，也有利于为社会发展提供所需人才。

学校和企业共同建立实验室是资源共享的重要形式。实验及实习所需的设备由企业提供，学校则提供教学设施和师资力量，通过资源的整合与共享，提高资源利用效率。将人才的培养和员工的培训相融合是协作共建实验室的特点，有助于实现校企的优势互补，降低培训成本。

实验室的建设要以教学内容和学生的能力为基础，满足学生的多样化需求。实验室主要包括以下三类：

①基础实验室，主要为大一新生服务，着重将课程教学与实验相结合，培养学生的实验技能；②综合应用实验室，面向二年级以上的学生，通过进行创新实验，提高学生对知识的实际应用能力；③创新研究实验室，主要为理论知识掌握牢固、实践能力出众的学生提供科研和创新实践的平台。

创新研究实验室的实验环境较好，设备较为先进，有利于学生创新意识的培养。实验室及实践基地的硬件条件在学生的培训中发挥着重要作用，但是设备的维护与更新需要较大投入，仅仅依靠高校自身的力量难以满足教学的需要，甚至可能导致人才培养达不到企业的要求。目前，建设功能齐全的实验室和实践基地对于大多数高校来说还较为困难，实训设备若跟不上教学内容的变化，则会导致学生的实践能力与企业的需求不匹配。因此，借助企业力量有利于减轻高校负担。

具体来说，高校可向企业提供技术服务和有偿服务，企业则给予高校实验设备资源，这对双方来说是互利共赢的。技术是企业发展的核心要素，高水平的员工培训既能降低设备养护的成本，又能帮助企业提高生产效率，降低生产成本。

第二节　高校创新创业教育协同机制的运行

一、管理决策机制

高校创新创业教育是一种全新的教育类型，其实践过程需要根据运行实施的具体情况而定，并且要对运行过程中所涉及的各个方面进行不断完善与调整，因此其运行过程与其他较为成熟的教育相比，会面临更多的问题，相应也须做出更多决策。要想保证创新创业教育的实施与推广始终围绕总体目标进行，确保运行保障、育人内容等始终适应实效育人这一标准，就必须建立高效的创新创业管理决策机制，这是高校创新创业教育运行的核心与关键。

（一）构建原则

要想使创新创业教育更好地运行、实施与推广，以及推动创新创业教育的科学发展，构建高校创新创业教育的管理决策机制是必不可少的。由于创新创业教育的实施运行与教育发展都有着明确的目标，因此二者必然有着相同的价值内涵，对于高校创新创业教育管理决策机制的构建来说，必须遵循特定的价值规律与基本原则。

高校创新创业教育的宏观目标是结合国家的政治、经济与文化的发展，联系中国特色社会主义教育实际情况与高校学生全面自由发展的需要，通过教育实践帮助学生了解创业过程、培养其创业意识及创业能力。这不仅能让学生以正确的目标导向与价值取向参与各个领域的创业，还能更好地服务于中国特色社会主义教育事业。而从微观层面考虑，其发展目标是树立正确的创新创业价值理念、确立创业主体意识、完善创业能力结构，以及提升创新创业的实践水平。高校创新创业教育管理决策的价值内涵应紧紧围绕这一宏观与微观相结合的目标体系，因此下面提出了构建高校创新创业教育管理决策机制应遵循的四项基本原则。

1. 把握中国特色社会主义的发展方向

高校创新创业教育的最终目标是培养能够从事服务于中国特色社会主义事业的先进创业者，因此创新创业教育的管理决策应当是与中国特色社会主义发展方向相一致的。在创新创业课程的内容与理论研究中，不仅要保障教学和理论研究成果，还要使其更好地服务于中国特色社会主义事业的发展。

2. 明确面向广泛学生群体的发展思路

创新创业教育应当适应国家社会发展的各个领域。无论是何种专业、背景或职业发展的学生，创新创业教育对他们的能力提升都是有价值的。创新创业教育不应仅仅局限于小众教育，让少量"精英"学生受益，而是应当面向广泛的学生群体，开展普适性的科学教育，引导学生树立创新创业意识，帮助学生提升创业能力。

3. 遵循面向社会的实际导向

我国正处于经济转型发展阶段，经济社会的转型升级与发展要求创新创业教育的调整与改进，因此要对创新创业提出高标准、严要求，使其更加适应社会的转型升级。在高校创新创业教育管理决策的过程中，要注重理论与实践的紧密结合，将更多资金进行适度整合与调配，以投入实践性的教学任务与科研环节中，真正推动社会转型升级，顺应时代发展的要求。

4. 坚定全面发展的育人目标

马克思、恩格斯论述了"人的自由全面发展"的意义，这也是我国高等教育所追求的至高目标。对于创新创业教育来说，其综合性较强，可以从价值取向、理念运作及社会管理多个层面锻炼和培养学生的综合能力。应坚定全面发展的育人目标，将其作为高校创新创业教育管理决策的核心，只有这样才能实现学生的全面发展与创新创业教育改革发展的目标。

（二）构建策略

第一，转变教育理念，树立正确的创新创业教育观念。高校的管理者要与时俱进，树立正确的创新创业教育观念，着重培养大学生的创新思维能力，为大学生创造条件，使其认识到知识的力量。从这一方面来说，高校既要培养适应目前就业发展需要的普通型应用人才，也要为国家未来的经济发展输送顶尖的创新型人才。

第二，加强创新创业学科建设，明确创新驱动发展的新要求。当今国家的发展战略对于我国高校创新创业教育的人才培养提出了新的要求。高校是大学生创新创业教育的核心阵地，承担着教学科研培训、创业资金支持以及人才培养的多项任务。因此，高校应当正确认识自身在创新创业教育中的地位，并在教育的实践探索中表现出来。构建完善的协同机制对于高校创新创业教育来说具有重要的指导意义。高校和企业是培养大学生创新创业能力的两个方面，只有处理好二者的关系，才能充分发挥它们的协同作用。对于人才培养，高校要有科学规划，要将创新创业教育与专业教育渗透融合，将理论与实践相结合，通过二者的优化整合与合理配置，激发创业者的热情与积极性。另外，应当整合各方资源，在政府、企业及高校的保障体系下，实现理论与实践的高效衔接，在挖掘学生创新创业潜能的基础上，积极推动教学改革。

第三，设计多样化的创新创业课程，发展循序渐进式的教育模式。在运行实施过程中，高校要正确认识创新创业教育的内涵，将其与专业教育相结合，在教学中培养学生的自主创新意识，增强创新创业教育的实效性与互动性。创新创业教育的学习资料除纸质课本外，还应包括政策性资料及其他文件，根据这一特点，高校应精编课程教材，丰富教学资源。

第四，组建专业的师资队伍，制定多样化的教学方案。高校可以坚持引进校外的师资力量，激发学生的学习兴趣，也可以提供资金，支持校内的师资团队"走出去"，学习其他成功学者的创业经验及教学方法。同时，相关教师应对课程的教学设计采取灵活多样的形式,满足学生的实践需求,不断提高学生的创业能力与综合素质。

第五,充分利用校外资源。高校是一个开放性的系统,因此在推动创新创业人才培养方面,可以联系各方力量,以促进目标的实现——可以校企协作,达成合作意向,为大学生提供创新创业的实践机会,提升其创新意识及能力。

第六,完善教师激励机制,激发教师对创新创业教育事业的热爱。高校应通过各种方式满足教师的需求,为他们提供良好的发展空间,满足其精神需要。由于创新创业教育正处于新兴阶段,高校应遵循择优录用的原则,招聘有创新创业经验的教师,同时还应完善激励机制,鼓励教师全身心地投入创新创业教育事业中。

第七,规范创新创业教育主体活动,建立有效的监督机制。高校教学活动的正常运行离不开有效的监督机制。对于高校管理者而言,其承担着高校教学课程规划设计及管理教学人员的工作,高校创新创业教育者则承担着传播创新创业知识的工作。高校应对管理者和教育者进行监督,从而营造民主、开放及自由的氛围,做到人人参与高校建设。

二、激励动力机制

高校在创新创业教育系统中的作用尤为重要,它具有显著的教学科研资源及人才优势,不仅要传授给学生知识,更承担着全面育人的责任。高校可培养学生的道德素质,使其树立社会责任与担当意识,同时还应提升其分析、解决问题的能力与创新创业的能力,这些都是学生群体适应社会需求所必备的素质。高校创新创业教育激励动力机制可被看作推动高校创新创业教育良性运行与实施推广的各内外要素间相互联系与作用的互动机制。

从宏观角度考虑,高校的内生动力是追求自由全面的育人成果;而外生动力则是政府对于经济转型升级的需求及创新创业机会的识别,政府可将有效的政治、经济资源合理地分配到高校创新创业教育领域,从而推动高校理论教学及科研实践的发展。

从微观角度考虑,教师参与创新创业教育既是职业发展的需要,也是对理想事业的追求;而学生参与创新创业教育既是对自我未来职业生涯的规划,也是对自身全面发展的追求。相较于教师和学生的内部动力而言,政府和社会作为高等教育的外部推动力,可以使参与到创新创业教育领域的师生充分获得教育资源。内外动力的作用与性质虽然不同,但是二者相互影响、互为支持,对高校创新创业教育的发展有着重要的推动作用。

(一)构建原则

高校创新创业教育的动力来源是多元化的,受高校及政府等多方因素的影响,因此在构建激励动力机制时应遵循一定的原则,确保各方管理决策主体可以相互配合、方向一致,从而将高校创新创业教育的力量发挥到极致。具体来说,高校创新创业激励动力机制的构建需遵循以下三个基本原则:

1. 维护各方动力的动态平衡

维护各方动力的动态平衡,包含两个层面:一是各方对于推动创新创业教育程度的相互适应;二是推动的方向要相互一致。原因在于,推动高校创新创业教育的动力会有强弱之分,若要从大学生创新创业的最优角度出发,则并非越强越有效果。

在宏观方面,如果政府和社会过分强调创新创业教育,高校就会在行政压力与资源渠道的影响下迫不得已改变原有的教育规划,这不利于高校创新创业教育的发展,同时也会影响其他教学课程的进行;当政府和社会对创新创业教育的关注度远小于高校时,创新创业教育的经济作用就会被低估,高校在资源方面也将面临困境。

在微观方面,倘若高校师生的内外动力发展不匹配,就会导致动力失衡,对创新创业教育的实施造成困扰。若政府和社会机构过分强调实践性的创新创业教学，而高校更为注重理论性的创新创业教学，二者对于发展导向的不一致，就会使高校的教学资源无法得到合理配置，社会也无法获得高素质的创新创业人才。若高校注重教学水平与质量的提升，而教师则注重理论教学、科研水平的提高，教师的教学规划与高校相违背，那么创新创业的教育水平与理论研究水平都无法得到可靠的保障。若高校注重激发创新创业的理念认同，而学生注重自身综合素质的培养及创业能力的提升，那么高校提供的课程训练将不能满足学生需求，从而导致教学资源的配合失衡，收效甚微。

总而言之，遵循高校创新创业教育的发展规律，走科学发展的道路，是维持创新创业教育过程中各方动力动态平衡的重要保障。无论是宏观还是微观角度，师生、高校及政府间都应形成一种良性协调的关系，纵使各方主体的出发点、关注点有所不同，但是只要确保各方在推动创新创业教育的方向上保持一致，便可达到一种动态平衡的理想状态。

2.协调各方动力间的培育转化

高校创新创业教育的发展离不开各方的共同努力，各方动力的发展离不开精心的培育与转化。从宏观角度来说，培养学生全面发展的路径有很多，但是若想以政府的转型升级为动力，并将这一动力融入高校创新创业教育中，政府就必须制定相应的政策，促进资源的合理配置。而从微观角度而言，学生提升自身综合素质和进行能力开发的方式有很多，若要使高校推动创新创业教育的动力通过特定途径转化为学生自身的动力因素，则必须开发培育出合适的动力载体，这种动力载体既有显性的也有隐性的。

对于高校创新创业教育来说，显性的动力载体包括政府的鼓励政策、高校的奖惩规定，以及政府与社会机构提供的经费物质支持等；隐性的动力载体包括大众对创新创业行为的认同与尊重，以及鼓励学生参与创新创业的校内文化活动等。只要注重各层面主体参与到创新创业教育工作中，对其动力进行合理的引导、强化与推进，就可使高校创新创业教育的运行实施达到最佳状态。

3.防止各方动力的异化发展

政府及社会机构在推动高校创新创业教育的过程中,如果将其看作社会转型升级与创业机会的工具,就会过度强调短期成果,从而忽略教育自身的价值规律。在这种错误观念的引导下,高校无法从真正意义上指导学生的创业活动,也会存在应试化教育的倾向,在一定程度上打击学生的学习积极性。因此,高校在坚定创新创业教育发展目标时,要始终牢记自由全面育人的教育理念,在此基础上形成有特色的课程理论教学与科研培养方式。高校还可以结合各方动力主体的建议策略,进行沟通交流,深刻总结认识创新创业教育的发展规律及本质特点。

(二)完善策略

第一,健全创新创业教育课程体系,使课程更加体系化与系统化。大学生的创业素质与创业意识的培养离不开创新创业课程的指导,因此高校应当健全创新创业教育课程体系,使课程体系化、系统化。为了解决创新创业教育超越专业教育界限这一问题,高校要对教学理念进行改革,将创新创业教育的基础性教育与学科专业教育紧密联系起来。高校还要积极开展教学科研实践活动,编制教学进度与教学计划,同时,可以为学生创造良好的创新创业环境,激发学生的创业潜能,使其产生一定的创业动机,并投入创新创业的实践活动中。

第二,按照国际规范,将创新创业教育纳入人才培养计划中。创新创业的人才培养是一项系统、复杂的工作,其构建需要政府、企业及中介机构多方协同配合,其合理高效运行不仅有利于大学生创业技能的提高,有助于创新创业教育的深化发展,更有利于提升大学生创业的核心竞争力,对于创新型人才的培养也能起到一定的促进作用,为国家"一带一路"倡议提供人力与智力资源支持,有助于社会主义和谐社会的建设。

第三,构建科学合理的组织结构。构建科学合理的组织结构是高校创新创业教育的组织保障。该组织机构应遵循全面覆盖、统一指挥的原则。学校应当设置大学生创新创业调控中心，统筹创新创业教育的指挥工作，同时负责全校创新创业师资力量的培训、分配与调度，实现各方主体间的合理、有效沟通；在二级学院设立创新创业办公室，作为师生与高校间的联络中转站，在其下属机构设立创新创业发展中心及实践部门，强化创业实践能力，加强专业实验室与训练中心的设施建设，通过多种形式的教学活动激发学生的创业激情。

第四，培养高质量的创新创业师资队伍。创新创业教育的推广与过硬的师资队伍建设密不可分。高质量的师资队伍建设需要引进创新创业教育方面的人才，加强师资队伍的创新能力培训，在条件成熟的情况下聘请校外创新创业教育专家开设教学课程。对于创业的学生而言，应当转变就业观念，为创业做好准备。创业是一种自我价值的体现，是一种高质量的就业方式，同时，创业的过程充满未知与艰辛，创业学生应当具备较高的管理决策与人际交往能力，对自身要有充分认识和科学评价。

三、调控机制

高校创新创业教育中有多个行为主体的参与，各行为主体会因自身利益、情感、认知的不同产生行为冲突，从而阻碍高校创新创业教育的发展进程，甚至产生难以解决的问题。若要保证高校创新创业教育正常地运行实施，就必须进行合理调控。高校创新创业教育调控机制可以理解为其内外各要素通过制定目标、合理定位及发挥作用等方式化解运行过程中出现的矛盾。运行情况的调查与目标调整是高校创新创业教育调控机制的核心任务，对于运行状态进行合理评估可以确保及时发现运行中存在的问题，保证问题在第一时间得到解决。

（一）调控机制的调查评估环节

对高校创新创业教育的运行情况进行科学调查及评估是创新创业教育运行工作调控的重要组成部分，而建立调控机制的重要前提便是高度重视运行情况调查环节与评估环节。

1.调查环节

运行情况调查涉及的学校部门以及实践教学活动较多，因此必须明确调查评估的主体，从本质上对高校领导机构的决策进行干预、指导和管理，这都能为资源的合理配置打下良好的基础，以促进创新创业教育水平的提高。同时，为了提高化解矛盾的效率，在工作领导机构和专家委员会的两个决策主体内部，应分别设立运行调查评估的部门，这样不仅可以提高反馈效率，而且能够保证评估机构的有效性，有利于将两个决策主体间的思想价值和理念导向贯彻到工作中去。同时，为了保证评估反馈信息的客观性，还可以引入校外的第三方调查评估机构，这是对评估工作的一大补充。

三方的工作性质在一定程度上较为相似，但是侧重点却各不相同：领导机构负责的调查部门主要是从创新创业教育的宏观层面着手，负责整体投资与资源调配；专家委员会负责的评估部门则更侧重于微观角度的落实，如师生的建议及教学科研的设计运行等；校外的第三方评估机构则侧重于对创新创业教育整体运行情况的评估，使其达到高效运行的目的。也可对学生的创业项目进行全面综合划分，应从长远发展来看待创业方向的选择，对近些年创新创业领域的发展状况及存在数量进行细致盘点，倘若发现市场中某些领域已经出现饱和状态，就要用建设性的眼光来对创业项目未来的发展趋势进行估测研究，从而找出其发展潜力。这些举措都可为创业学生提供有利的参考性建议，以确保其创业项目不会随波逐流，失去独创价值。

2.评估环节

在评估环节应对主体进行定期的综合评价。评估内容既包括政府是否能够充分利用自身职能协调各方利益，推动政策的实施，也包括企业是否可以为创业学生提供成熟的实践基地,以及中介机构是否为学生制定了完善的创业服务体系。只有对各主体进行定期核查,才能检验其工作态度,以对各参与主体起到监督促进的作用。

创新创业协同评价机制是调控机制中的一个方面,它有助于提高创新创业教育机制的运行效率。首先,高校在实践教学科研效果评价的机制下,建立创新创业教学效果评价机制,可以有效地评价校内师生,提高教学及科研成效,并逐步提高专业实践教学的质量。其次,企业与高校可以协同推进创新创业教学评价,将教学质量与教学报酬、评优及职务晋升联系起来,以此激励企业单位重视创新创业教育的推行。

创新创业教育质量考核评估机制是调控机制的另一方面,它可以通过对创新创业教育的实施水平与效果进行及时反馈,对教育活动做出价值评估,来提高学生的创业技能与素质,对于优化创新创业教育以达到价值增值的目标具有推动作用,有助于约束和规范各方主体的协同关系,是促进协同关系的制度保证。构建新型的考评机制,有利于激发企业参与高校创新创业教育的积极性。

创新创业教育质量考核评估机制主要包括以下两方面的内容:

第一,外部考评,上级政府部门将创新创业教育的质量作为考核教育质量的重要指标,同时要求第三方机构对创新创业教育进行绩效评估,接受舆论的监督。

第二,内部考评,协同双方立足资源调配和项目执行等方面进行绩效评估,明确各方的职责,逐渐健全跨界协同关系下创新创业教育体系的管理制度。科学有效的评价体系对于协同育人具有重要意义。

协同育人的教学水平评估包含对课堂教学与实践教学的评估。课堂教学评估可以从核心课程规划设计及多元教学方法等方面展开,而实践教学包括校内实践和校外实践,相关评估可以从创新创业竞赛、实践活动及论坛的举办效果等方面进行。评价考核的内容要全面、有效,不仅应对创新创业教育活动的结果进行评估,也要对活动的过程进行监督。

在高校创新创业教育中,教育与创业主体的分离是导致创新创业教育问题不断发生的重要因素。若想化解这种矛盾,就必须从学生的角度来推进创新创业教育的改革进程,将师生间的单向传输转变为双向互动,将二元分离的教学创业主体转变为多元主体的协同发展。应努力分析各方的利益诉求和特点,从创新创业教育属性的角度出发,打造利益发展共同体,最终实现多元主体的协同发展。

在高校创新创业教育的运行过程中,政府应当为创新创业教育提供政策制度保障;企业则应当构建合作共享的利益机制,参与创新创业活动,充分发挥创业教育共同体的职能,解决各方参与度与积极性低下的问题;高校则应不断推进人才培养模式的升级,力求在课程教学体系与方式方面满足学生的个性化需求,为创新创业教育提供动力支持和机制保障;教师应当在创新创业教育过程中,充分发挥学生的主观能动性,实现师生的共同发展与进步;学生应当树立正确的创新创业价值观,积极参与创新创业竞赛,在比赛中获取经验,提高自身的创业综合素质。

(二)调控机制的协调完善环节

对于高校创新创业教育调查评估主体所得到的反馈信息,调控机制可以利用这些信息协调各方主体,这有利于创新创业教育运行的优化升级。由于调控机构的调查评估环节所涉及的部门众多,在此过程中会涉及跨部门合作,因此可以从组织和制度两个层面对高校创新创业教育进行推进。

跨部门协作的首要问题便是各方利益的不平衡以及目标不一致,一旦两个部门间缺乏协作和沟通,就会影响整个创新创业教育体系的成效。因此,应结合我国高校的实际情况,成立一个具有权威性的管理组织来对跨部门协作过程进行管理,该管理组织的职能便是打破部门合作壁垒,加强部门间的交流沟通,最终实现行动的统一。同时,高校领导及相关职能部门的加入,不但可以提高协同合作管理机构的权威性,而且有利于争取教育资源,促进部门间的沟通交流，使领导机构与各部门院系间更好地达成共识，推动工作的贯彻落实。

多部门间的工作交叉将导致跨部门协作的效率低下且极易产生矛盾。相关人员可以采取以下措施来消除这种模糊工作职责带来的合作障碍：一是要明确各部门在协作过程中的职责权限，可以利用协商性的工作文件与会议将分工制度化；二是明确职责主体的工作，加强职责权限难以划分的部门间的联系，拓宽信息反馈渠道，以此减少和化解工作矛盾。

高校创新创业教育的跨部门协作若想达到可持续、规范化，既要有规章制度的刚性需求，也要有文化交流的柔性保障。从跨部门的刚性保障角度考虑，如果仅仅依靠部门间的口头协议和人际关系来协调部门间的关系，则无法保证高校创新创业教育的稳定发展。只有制定各部门认同的规章制度，并加之以强有力的手段，才能确保协作的可靠性与持续性。高校创新创业教育跨部门的正式制度需要一定的强制力作保障，因此首先应明确制定机构。高校创新创业教育工作领导机构与专家委员会作为两大决策主体，可以根据相应的决策范围和侧重领域制定合作制度。其次，要形成完善的制度体系，由于决策主体的不唯一性，各方在制度标准方面或许会产生矛盾与冲突，因此必须在制定协作制度方案时充分了解各方意见，加强沟通交流，形成一致的制度目标体系。最后，在充分了解和调研各职能部门及科研教学机构的基础上，建立有利于制度执行的监督机制，通过预警等手段将协作制度落实到位。

从跨部门的柔性保障角度考虑，各部门的协作应当以共同的价值取向和理论信念为基础，不同部门间建立的理念共识应以相同的价值取向为联系，从整体利益最大化的角度出发，确定自身的行为目标。另外，可以构建更多的良性沟通平台，拓宽交流沟通渠道，提供更多的对话机会，做到资源共享、信息互助，营造一种良性和谐的文化合作氛围，以此培养部门间的默契。

第三节　高校创新创业教育协同机制的保障

一、师资队伍保障

教师是创新创业教育知识的传播者以及创新创业教育活动的实施者，学生创新创业理论知识的学习和实践训练离不开专业教师的指引，只有组建完备的教师队伍，才能保证创新创业教育协同机制的成功运作。优秀的创新创业教学队伍是高校创新创业教育的重要力量，促进优秀教师队伍建设是创新创业教育协同机制有效运行的根本保证。教师是创新创业教育的中坚力量，在各方面都发挥着重要作用。

教师队伍建设是开展创新创业教育的关键。高质量、优秀的创业型教师队伍的组建对转变教育理念、提高大学生创新创业能力有着重要作用。因此，应组建一支钻研创新创业教学、具有足够经验的教育团队。

（一）组建科学合理的专兼职师资队伍

建设一支优秀的创新创业教育团队是发展创新创业教育的前提。教师是促进创新创业教育发展的主要力量，在课程研究、教学方式运用等方面起着至关重要的作用。新时期教师必须满足创新创业教育新的要求，参与教学的教师必须掌握创新创业理论，且有创新创业的经历和能力。

1.专职教师队伍的建设

高校要有一支专门钻研创新创业教育的师资团队，以对教学理论进行深入研究，探究高校开展创新创业教育的现状、问题及解决对策，探究高校创新创业教育规律和趋势，从而为高校创新创业教育变革提供科学的、权威的、有效的理论依据。该团队需要分析目前的就业形势和创新创业形势，探究就业规律和创业政策，总结有效的创新创业方法和技巧，从成功案例中总结创业者的必备素质，加快构建创新创业教育理论体系，编写出实用的学科教材。当前，专职教师队伍的建设途径主要有以下两条：

（1）构建师资培训平台

由有创新创业教育研究经验的专家来进行创新创业教育培训，不但可以促进创新创业教育的发展，提出有利于创新创业教育的方案，还可以培养出理论知识渊博及创业实践本领较强的人才。

（2）搭建创新创业教育教师进修培训平台

创业所需要的知识包括社会学、政治学、经济学、管理学多个方面，高校创新创业教育与社会学、政治学、经济学、管理学等学科及思想道德教育都有联系。优秀的教师队伍对大学生创新创业能力的培养起着关键作用。但是，当前高校既有创新创业理论知识又有创业实践经验的专业教师十分稀少，大多数教师都只是接受了短期教学培训，只能传授基础的创业知识，实践经验不足。若只传授学生基础知识，则不能培养其创新创业能力，这是影响高校创新创业教育深入发展的难点。提高创新创业教育教师质量、组建优秀的教师团队是目前迫切需要解决的问题。在开展创新创业教育的初期，可以为教师提供进修培训的机会，让他们参加一定的基础知识理论培训，以使其适应创新创业有关科目的教学要求。为了提高师资研究能力，高校可以鼓励教师参加国家级的创新创业培训会、研讨会，选择优秀的教师出国访问，学习国外的教育理念和教育方法。

2.兼职教师队伍的建设

除了组建一支知识广博的专职师资团队，高校还需要组建一支实践经验丰富的兼职教师队伍。兼职教师队伍需要具有创新创业能力的教师加入。高校应聘请国内外具备创新创业实践经历和丰富理论知识储备的全能型人才，如企业家、创业成功者等，作为高校创新创业教育的兼职教师，他们主要以开展专题讲座的形式教育和指导学生，通过交际和协作，让大学生学习更多的经济管理知识和方法，提高大学生创新创业的热情和创新创业的能力，从而使他们未来创业更加顺利。高校创新创业教育兼职教师主要包含两类人：一是其他学校研究创新创业教育的教师；二是有丰富创业经验的企业家和创业成功者。

兼职教师队伍的建设，可以通过完善区域创新创业教育教师共享机制的方式来实现。由于高校可能存在创新创业教育专业教师不足的情况，因此高校可以联合本区域其他高校建立创新创业教育专业教师资源库，完善师资共享机制。这不仅可以利用学校之间师资共享来解决专业教师缺乏的问题，还可以充分了解其他高校创新创业的优点和特征，从而提高本校创新创业教育的水平。

（二）强化创新创业教育的师资队伍建设机制

教师是开展学校创新创业教育的主体之一，承担着培育人才和提升大学生创新创业实践能力的责任。一个国家和地区的教育水平取决于教师队伍的素质，没有一流的教师，就培养不出一流的人才；没有高水平的师资队伍，就办不好人民满意的教育。从这里可以看出，创新创业教育的教师团队质量会对创新创业教育产生重大影响。组建一支具有创新思维、丰富实践经验和专业理论知识的教师团队是确保创新创业教育教学效果的关键。因此，借鉴国内外高校创新创业教育教师团队建设的先进经验，并联系我国自身情况，可以从以下方面来提升创新创业教育的教师团队质量：

1.设定严格的教师聘用条件

目前，我国高校还没有专门的创新创业教育专业，所以创新创业教育教师相对稀缺。为了确保创新创业教育正常开展，主管大学生就业的部门教师和一些经济管理学院的教师负责创新创业教育教学工作。实际上，部分教师没有接受过长期的创新创业教育培训，并且几乎没有创新创业经验，教师团队质量相对较低。因此，高校在组建创新创业教师队伍时，要挑选水平较高的教师，可以在学历、专业、创新创业经验等方面设立严格的准入条件，既要注重教师对于创新创业教育理论知识的掌握程度，也要注重其创新创业实践能力，不仅要重点考察教师的创新创业思维能力、教学水平、知识储备和实践能力等，还要考察其思想道德品质，提高入选门槛。

2.优化团队结构

为了组建高质量的专职师资团队，高校应建立创新创业教育教师培训制度，组织教师参加国内外培训活动，并鼓励教师去企业挂职以获得实践经验，尽力为创新创业教师提供优质的学习环境。

具体而言，高校应充分利用本校各专业教师资源，组建一支拥有不同专业知识背景的教师队伍来开展教学活动，使创新创业教育师资团队结构更趋于合理化。另外，高校还可以聘请创业成功者、企业职员、风险投资者、经管类专家等来担任兼职教师，向学生传授创新创业的经验和技能，给他们提供坚实的支持和帮助。

二、教学评估保障

（一）创新创业教育教学组织评估

高校创新创业教学组织状况的评价主要集中于考评学校对创新创业教育的重视程度和各方面投入情况，评价学校创新创业教育教学组织情况是推动教育改革和提高教育质量的前提。创新创业教育教学组织情况评价的关键是选择科学的评价指标，一般来说，选择考评标准可以参考投入、过程和效果等内容。对投入的考评标准主要涉及创新创业教育的各方面投入状况，包含政策保障、教师队伍建设投入、资金投入、管理人员投入、基地建设投入等方面；对过程的考评标准主要涉及创新创业教育具体课程安排、教学方式、教学服务保障、组织管理等方面；对成果的考评标准主要涉及学生理论学习成绩、能力状况、实践技能等方面。鉴于对高校创新创业教育组织状况的评估主要集中在高校对创新创业教育的重视程度和投入方面，在此主要分析投入考评标准的主要内容。

1.教师队伍建设投入

教师队伍建设情况不仅表现在本校创新创业教育专职教师和兼职教师的人数上，还表现在优秀教师占全部教师的比例上，包括博士学位教师比重和正、副教授比例。

2.资金投入

资金投入对创新创业教育的顺利开展影响重大。高校创新创业教育资金投入由两部分组成：一是基础资金投入，即创新创业教育研究资金的投入；二是重点资金投入，即开展创新创业教学活动的资金投入。开展教学活动的资金投入主要包括显性课程和隐性课程管理运行的资金投入，以及对优秀人才投资的花费，如补贴优秀学生参加创业实践比赛所需的花费、创业项目研究经费等。

3.管理人员投入

创新创业教育管理人员的范围很广，即创新创业教育体制中除教师以外的所有人员都可以是创新创业教育的管理人员。他们主要从事与创业教育的隐性课程有关的工作，对组织管理人员投入情况的考评主要有以下方面，如是否建立专门的创新创业教育管理机构，管理创新创业教育的职员数目是否明确等。

4.基地建设投入

基地包括创新创业教育理论研究基地和创新创业教育实践锻炼基地。理论研究基地一般建设在校内，学生在这个场所学习理论知识，是学生研究创新创业理论的主要地点；实践锻炼基地是提供给有创业意愿的学生进行实践锻炼的重要场地，该基地一般在校外，主要由高校协同政府和公司建立。基地建设投入的考评标准包括软件标准和硬件标准，软件标准包含基地配备的理论教学教师和实践引导教师，硬件标准包括创业教育基地的个数和基地能容纳的学生人数等。

（二）创新创业教育教学效果评估

开展创新创业教育是为了帮助高校学生增强创新创业意识和提高学生创新创业能力，让他们树立正确的价值观，并积极主动地尝试多种行业的创新创业。增强学生的创新创业意识、提高学生创新创业能力是实现教育目的的关键。开展的创新创业教学活动是否达到教育的目的、能达到何种程度，即为高校创新创业教育的教学效果。简单地说，评估教学效果，就是判定参加过创新创业教育的学生的创新创业意识、积极性和能力是否强于未参加培训的学生。所以，高校创新创业教育教学效果必须和创新创业教育目标相对应。

鉴于直接评估高校创新创业教育的教学效果比较困难，所以为了更加科学合理地评估高校创新创业教育的教学效果，我们可以从大学生创新创业意愿和创新创业自我效能感两个方面进行评估。

1.创新创业意愿

创新创业意愿，指的是学生是否有创新创业的想法和主观态度，反映了学生对创新创业的积极性。与目前的高等教育系统中的专业教育不同，高校创新创业教育是帮助学生树立正确的就业观、增强他们创新创业的积极性，并让他们有信心参与创业活动，以及培养他们独立自主创业意识的教育。高校创新创业教育在讲授创新创业理论知识的基础上，还要丰富教学形式和更新教学方法，开阔学生的思路，增强学生的创新创业意愿，培养他们的创新思维和主动意识。

2.创新创业自我效能感

创新创业自我效能感，是个人对自己是否可以完成这件事情的估计和判断，适用于多个领域，不同领域的含义各不相同。创新创业自我效能感的具体含义是个人对自我是否可以实现创新创业目标的判断，反映了个人对自我创新创业能力的肯定程度。高校可以对学习创新创业课程学生的测量结果进行性别、年龄等基本变量的差异分析，探究不同专业、年级、年龄、性别、家庭环境的学生在创新创业教育课程中的学习状况，根据这些情况的分析数据，针对不同学生制定不同的创新创业教育方案，从而提高创新创业教育的质量。

第七章　高校创新创业教育评价体系的构建

第一节　高校创新创业教育评价体系构建的意义和原则

一、构建高校创新创业教育评价体系的意义

高校创新创业教育评价体系的构建和运行对于推动高校创新创业教育的发展具有重要意义。

第一，高校创新创业教育评价体系的构建有助于高校进一步明确创新创业教育的目标和要求。制定明确的评价指标和标准，可以保证高校创新创业教育的内容和教学质量符合相关的要求，这对于提高学生的创新创业能力和素质至关重要。

第二，高校创新创业教育评价体系的构建可以促进高校创新创业教育的改进和优化。高校可利用评价体系对其创新创业教育进行全面的评估和分析，发现存在的问题和不足之处。在此基础上，高校可以采取相应的改进措施，从而提升教育质量，促进创新创业教育的发展。

第三，高校创新创业教育评价体系的构建还可以提升高校创新创业教育的影响力。一个完备的评价体系可以为高校评估创新创业教育的质量和水平

提供客观的依据，提高社会对高校创新创业教育的认可度和信任度。

第四，高校创新创业教育评价体系的构建还可以为学生的创新创业提供有针对性的指导和支持。通过评价体系，教师可以对学生的创新创业能力和素质进行评测，帮助学生更好地了解自身的优势和不足，并有针对性地提供培训和辅导。这不仅有助于学生的个人发展，也有利于高校培养更多具备创新创业能力的人才。

二、高校创新创业教育评价体系构建的原则

（一）科学性原则

遵循科学性原则是构建创新创业教育评价体系的基础。科学性要求评价体系的设计和实施要符合科学的原理和方法，确保评价结果的客观和准确。

第一，评价指标的选择要科学合理。评价体系应该包含全面、具体、可度量的指标，能够全面反映学生的创新创业能力。在选择指标时，评价者需要参考相关的学术研究和实践经验，充分考虑评价对象的特点和目标的需求。

第二，评价方法要科学可靠。评价方法应基于科学的理论和经验，具备有效、可靠、公正、可操作等特性。例如，可以采用问卷调查、小组讨论、案例分析等方法来收集、分析和解释评价数据，以保证评价过程的科学性和可靠性。

第三，评价结果的解释和应用也要基于科学分析和判断。评价结果应该能够为创新创业教育提供有价值的反馈，并为进一步提升教育质量提供科学依据。只有建立在科学的基础之上，评价体系才能真正客观、准确地反映学生的创新创业能力。

（二）动态性原则

在构建高校创新创业教育评价体系的过程中，坚持动态性原则是非常重

要的。评价体系应能够及时反映创新创业教育的最新动态和趋势。

第一，动态性原则要求评价体系能够及时捕捉到创新创业教育领域的新发展和新成果。创新创业教育是一个不断发展和变革的领域，新的教学方法、新的实践活动和新的课程内容不断涌现。评价体系应该具有收集、整理和更新这些新信息的功能，以保障评价结果的准确性和时效性。只有这样，评价体系才能与时俱进，保持与创新创业教育实际的高度契合。

第二，动态性原则要求评价体系能够适应创新创业教育的不断变化和发展。创新创业教育领域的变化是多样的，如新的政策法规的出现、社会需求的变化以及、科技的发展等。评价体系应该具备灵活性，能够快速调整或修改评价指标和标准，以适应这些变化。只有这样，才能保证评价结果的客观性和有效性。

第三，动态性原则要求评价体系能够关注学生的发展轨迹和变化趋势。创新创业教育的目的是培养学生的创新创业能力和素养，在这个过程中，学生的成长是十分关键的。评价体系应该能够全面、系统地记录和分析学生的学习表现和发展轨迹，为他们提供有针对性的指导和支持。

第四，动态性原则要求评价体系能够促进创新创业教育的持续改进和优化。评价结果应该能够提供对教学质量、师资培训、教学资源等方面的反馈，为创新创业教育的发展提供参考和依据。同时，评价体系也应该具有反馈和改进功能，通过教师和学生的参与，推动各个环节的持续改进和优化。

（三）可操作性原则

遵循可操作性原则能保证评价体系在实际应用中被有效执行，并提供真实可行的操作指南和操作方法。

第一，可操作性原则要求评价体系的指标和标准具有可度量性和可操作性。评价指标必须能够被量化，并且能够通过具体的操作步骤进行测量和评估。例如，在评价学生的创新能力时，评价指标可以包括创新项目完成数量、创新项目的实际效益等，这些指标可以通过具体的问卷调查、项目报告等方式进行测量和评估。

第二，可操作性原则要求评价体系的指标和标准具有可比性和可验证性。评价指标之间应具有一定的可比性，以便使不同高校之间的评价结果可以对比。同时，评价指标和标准也需要具有可验证性，即其他研究者或评价者能够通过相同的方法和数据对评价结果进行验证，这样可以提高评价体系的可信度和科学性。

第三，在遵循可操作性原则时，还需要关注评价体系的时效性和适应性。时效性要求评价体系可以随着创新创业教育的发展而不断更新和完善。评价指标和标准应能够及时反映创新创业教育的变化和发展趋势。适应性则要求评价体系能够适应不同高校的特点和需求，因为不同高校在创新创业教育方面的重点和特色可能存在差异。评价体系需要灵活地调整，以适应各高校的实际情况。

第二节 高校创新创业教育的评价方法

一、问卷调查法

（一）问卷调查法的实施流程

1.确定调查目标与问题

在进行问卷调查的过程中，首先需要明确调查的目标和问题。这包括明确研究的目的、创新创业教育的评估方向以及需要解决的问题。只有明确调查目标与问题，才能设计出有针对性的问卷。

2.选择受访者样本

要想使问卷调查科学有效，还需要选择合适的受访者样本。这就需要根据调查目标与问题的要求，选择与创新创业教育相关的高校师生、校企合作人员、企业创业者等合适的受访者群体。合理选择样本，可以保证调查结果的代表性和可靠性。

3.设计问卷结构与内容

设计问卷结构与内容是进行问卷调查的关键环节之一。应该根据调查目标与问题的要求，将问卷内容分为不同的模块，并在每个模块中设置适当的问题。同时，还应注意问题的顺序、问题的形式和选项的设置。合理的问卷结构和内容设计，能够使受访者准确、全面地反馈信息。

4.测试与修改问卷

在正式实施之前，应先进行问卷的测试与修改。让一小部分受访者填写问卷，可以检验问卷的问题是否清晰、选项设置是否合理。根据测试的结果，对问卷进行必要的修改和完善，以提高问卷的质量和适用性。

5.进行问卷调查

在完成问卷设计后，需要组织调查人员实施问卷调查。这包括向受访者发放问卷、告知问卷调查目的和填写方法、答疑解惑等，还应该妥善保管问卷，以确保数据的安全性和保密性。

6.数据收集与整理

在问卷调查结束后，需要对收集到的数据进行整理和归纳。这包括对填写错误、不完整和无效的问卷进行筛选和排除，以及对有效问卷的数据进行编码与存储。数据整理可以为后续的数据分析和结果报告提供可靠的依据。

7.数据分析与结果解读

常用的数据分析方法包括统计描述、相关性分析、因子分析等。通过数据分析，研究人员能够获取关于高校创新创业教育的量化和描述性信息，并结合调查目标和问题，解读数据结果，得出评估结论和建议。

需要注意的是，在实施问卷调查的过程中，研究人员可能会遇到一些挑战,如样本选择偏差、受访者回答不真实等,这需要研究人员在设计和执行过程中加以解决和规避。合理应用问卷调查法,可以为高校创新创业教育评价及改进提供有力的支持和指导。

(二)问卷调查法的优势

在高校创新创业教育评价中,问卷调查法被广泛运用,以收集师生对于创新创业教育的看法、建议等。问卷调查法在高校创新创业教育评价中具有明显优势,具体体现在:

第一,问卷调查法具有便捷性。相较于其他评价方法,问卷调查法不需要耗费太大的人力、物力,只需要设计好问卷并通过线上、线下的方式分发给相关的受调查者,就能够收集到大量的信息。

第二,问卷调查法具有灵活性,研究者可以根据具体的评估目的和问题,设计不同形式的问卷,以满足不同的评估需求。

第三,问卷调查法具有客观性。问卷调查法的设计通常注重客观性,问卷调查通过多选、单选、量表等问题类型收集受调查者的观点,避免了主观性因素对评估结果的影响。

第四,问卷调查法具有匿名性。问卷调查法通常能够保护受调查者的隐私,这使得他们能够更加自由地表达自己的意见,评价结果的准确性和可信度亦得到了保证。

二、案例分析法

(一)案例分析法的研究对象和研究范围

案例分析法作为一种定性研究方法,被广泛应用于高校创新创业教育评价中。在确定案例分析法的研究对象和研究范围时,首先需要明确研究的目的和重点。研究目的是指评价高校创新创业教育的具体目标,而研究重点则是指研究要关注的具体问题或者内容。

在确定研究对象时,可以从不同角度和层次来选择案例。一种常见的选择方式是按照高校的类型来对研究对象进行分类;另一种选择方式是根据创新创业教育的模式,如"孵化器模式""课程开发模式"等,来确定研究对象。

研究范围的确定需要考虑时间、空间、人群等因素。时间上,可以选择不同年代、不同阶段的高校创新创业教育进行比较研究。空间上,可以选择不同地区的高校进行跨区域的比较研究。人群上,可以选择不同专业领域的学生、教师,或者参与创新创业教育的不同群体进行研究。

在确定研究对象和研究范围之后,需要有明确的研究框架和研究问题。研究框架可以按照案例分析方法的基本步骤进行构建,如明确案例选择的标准、确定案例收集的途径等。研究问题则可以从创新创业教育效果的不同维度和方面出发,如学生创新能力的提升、创新创业项目的成果转化等。

(二) 案例分析法的实施过程

案例分析法是一种常用的研究方法,在高校创新创业教育评价中发挥着重要作用。下面主要介绍案例分析法在创新创业教育评价中的实施过程。

第一,确定研究对象和研究范围是运用案例分析法的基础。在高校创新创业教育评价中,相关人员可以选择一所具有代表性的高校作为研究对象,并将研究范围确定为该高校的创新创业教育项目或课程。

第二,进行案例收集和筛选。在这个过程中,相关人员可以通过收集相关的文献资料、调研数据以及高校的内部报告等信息,获取关于该高校创新创业教育效果的案例。然后,根据研究目的和问题,对收集到的案例进行筛选,选择具有代表性和典型性的案例进行进一步研究和分析。

第三,进行案例分析。在案例分析中,相关人员可以采用多种分析方法,如比较分析法、因果分析法和分类分析法等,来深入研究案例中的问题、经验和效果等。通过对案例的详细分析，相关人员可以获取更加全面的数据和信息，以保证对高校创新创业教育效果的准确评估。

第四，根据分析结果撰写评估报告。在报告中，相关人员应该清晰地描述所选案例的背景和特点，详细介绍分析过程和方法，并对案例中的问题进行总结。此外，还可以结合相关理论和研究成果，对高校创新创业教育给出评价和改进建议，以期为进一步提升教育质量和效果提供参考。

三、专家评估法

（一）专家评估的主要内容

专家评估法是一种常用的评估方法，在高校创新创业教育评价中发挥着重要的作用。该方法是通过邀请相关领域的专家组成专门的评估团队，来对高校的创新创业教育进行全面、深入的评估。

在高校创新创业教育效果评价中，专家评估的主要内容如下：

第一，专家评估团队会对高校的创新创业教育方案进行评估。他们会对高校的教学方案、师资队伍、教学资源等进行综合评估，以确定教育方案的科学性和合理性。

第二，专家评估团队会对高校的创新创业教学过程进行评估。他们会对教学现场进行观察，与学生和教师进行交流，并进行学习成果和项目成果的评估。

第三，专家评估团队会对高校的创新创业教育成果进行评估。他们会对学生的创新创业项目、科研成果、竞赛成绩等进行评估，以了解高校创新创业教育的实际效果。

第四，专家评估团队会对高校的创新创业教育管理进行评估。他们会对高校的创新创业教育管理体系、政策措施等进行评估，以确定管理的科学性和有效性。

(二)专家评估法的优势

专家评估法作为一种常用的高校创新创业教育评价方法,在实践中具备一定的优势。

首先,专家评估法能够汇集各个领域的专家知识和经验,确保评估结果的全面性和准确性。高校可以结合专家的建议,综合考虑创新创业教育的各个方面,包括教学内容、实践环境、培养目标等,从而得出更为客观和全面的评估结果。

其次,专家能够提供科学的指导意见,对高校创新创业教育的发展具有重要的推动作用。专家评估法的特点在于其专业性和专门性,专家在评估过程中不仅仅是简单地给出评分,更会针对教育的具体问题提出改进建议,从而为高校创新创业教育质量的提升提供科学的指导。

第三节　高校创新创业教育评价体系构建的方向

一、加强顶层设计

顶层设计,原本是一个系统工程学的概念,强调的是一项工程"整体理念"的具体化,即完成一项大工程,要以系统论的方法,从全局视角出发,对项目的各个层次、要素进行统筹考虑和规划。高校创新创业教育评价应该

是动态的、系统的评价,可以采用顶层设计的理念,应用于创新创业教育评价体系的构建中。具体可以分为以下三个步骤:

(一)凝练核心理念

创新创业教育评价体系构建,应该遵循理念先行的原则,必须与各高校的核心办学理念相辅相成。核心理念是高校发展的基本纲领,是高校师生共同认可并付诸行动的精神力量,是指导学校的长远建设和发展的最高价值标准。

(二)搭建主体框架

针对创新创业教育目标和要求,分为几个功能模块来进行模块的搭建和分析。首先需要确定评价原则、内容和对象,从全局出发,遵循客观性、科学性和导向性的原则,进行创新创业教育评价。其次需要优化评价指标,不同创新创业教育评价指标对结果可能有很大影响,必须建立科学、系统、可操作的评价指标体系。评价指标设置需要考虑全局情况、不同指标间的相互联系,以及尊重教育共性和个性共存的情况。

(三)完善制度建设

主体框架搭建以后,还需要制度加以巩固,这样就不会因为人员的调动而出现频繁的改变。创新创业教育的各个部分围绕着核心理念进行设计,使整个体系结构相互支撑、相互衔接。在整个体系的运行过程中,合理的制度保障非常重要,其能帮助人们分清权责。

从"准确定位,锁定目标"出发,经由"科学设计"和"战略控制",从而确保目标"执行到位",使最初设想变为现实。这几个步骤充分体现了"顶层设计"理念的逻辑关系,几个环节相互衔接,共同作用于创新创业教育评价的整个过程。

二、重视高校评价

在创新创业教育实施过程中，学校是重要的办学主体，也是实施创新创业教育的主体，其创新创业教育设计和实施水平，直接影响学生的创新创业素养培养和教育效果。

在高校视角的评价中，创业理念是最为关键的考核内容之一，它对创新创业教育的全过程具有指导作用，对创新创业教育的效果起着决定性作用。高校视角的评价主要包括三个方面：一是对创新创业教育理念的评价，二是对创新创业教育活动的评价，三是对创新创业实践的评价。

对创新创业教育理念的评价，主要通过对创新创业教育的学分设置、创新创业教育的课程设置、专项基金的支持等内容来体现。它的主要评价依据是高校是否将创新、创造与创业等结合起来，是否系统地开展了专业性的、普及性的创新创业教育，是否全方位地进行了渗透性的创新创业教育。

对创新创业教育活动的评价，主要从开展创业计划大赛等创业活动进行评价，从创业宣传的覆盖面与影响力、参加创业活动的学生人次和比例进行评价。

对创新创业实践的评价，主要从各类创业实践课程入手，通过创业实践课程的设置、创业实践的针对性与可行性、校园创业文化、创业者的创业素质等方面进行评价。

三、关注学生评价

现有的研究多数是从高校视角来构建创新创业教育评价体系的。通常来说，创新创业教育的对象是学生，因此在优化与发展创新创业教育理论与实践的过程中，必须关注学生的主观反馈数据，以拓展构建维度和提高评价工作效度。了解学生参与各阶段创新创业教育实践活动的程度及其影响，进而分析和评价高校创新创业教育质量，可以为高校创新创业教育的实际教学提供建议。

这里从过程维度出发将创新创业教育过程划分为四个阶段，即接受教育阶段、模拟萌芽阶段、实践转化阶段、成功创业阶段。

（一）接受教育阶段

该阶段的"教育"具体指高校创新创业教育课程、讲座等"一对多"的教育组织形式。高校创新创业教育不仅是将创新创业教育理念转化为实践的桥梁，也是实现高校人才培养目标的重要载体。《教育部关于大力推进高等学校创新创业教育和大学生自主创业工作的意见》指出，创新创业教育要面向全体学生，融入人才培养全过程，同时，要把创新创业教育有效纳入专业教育和文化素质教育教学计划和学分体系。在实践方面，高校创新创业教育可以依托必修课与选修课来开展，从而确保大学生获取系统化的基础知识，而相关课程的设置应具有"广谱性"，做到"全覆盖"，充分调动学生的创业积极性，不断提高学生对相关课程的接受度与满意度。

（二）模拟萌芽阶段

模拟萌芽阶段的"模拟"具体指学生通过参与创新创业项目、创新创业竞赛等方式将接受教育阶段所积累的创业知识、领悟的创新精神与提升的创业能力充分展现出来。可以说，模拟萌芽阶段是连接创新创业课程与创新创业实践的桥梁。

创新创业项目的设立旨在促进高校转变教育观念，改革人才培养模式，强化创新创业能力训练，提高学生的创新能力和创业能力，培养适应创新型国家建设需要的高水平创新人才。现有较为成熟的创新创业训练项目，如国家级大学生创新创业训练计划项目，分为创新训练、创业训练和创业实践三个子项目，重在引导高校学生设计创业项目、组建创业团队、编制创业计划，以模拟自主创业。

创新创业竞赛以大赛为抓手，强调通过竞赛提高高校学生的创新精神、创业意识和创新创业能力，推动高校创新创业教育与思想政治教育紧密结合、与专业教育深度融合，促进学生全面发展。目前，规模较大的创新创业竞赛有中国国际大学生创新大赛（原中国国际"互联网＋"大学生创新创业大赛）与"创青春"全国大学生创业大赛。

（三）实践转化阶段

在该阶段，实现创业意向向创业实践转化需要依托高校创新创业教育实践平台，其中，科技创业实习基地、创业园、创业孵化器、创客空间等成为当下高校普遍认可并搭建的创新创业教育实践平台。高校通过整合各方资源、开展指导培训、引导项目孵化、提供软硬件支持等，为大学生创业提供各种便利。

（四）成功创业阶段

结合创新创业教育的实践转化阶段，成功创业阶段应是将上一阶段所实践的创业项目进一步进行成果转化，创造出新的产品或服务，并通过市场创办企业、开创事业，从而实现企业经济价值和社会价值。

四、建立评价反馈机制

建立评价反馈机制，通过良性的信息反馈全面、迅速、准确地反馈评价结果，能够实现评价体系的不断更新，逐步提高高校创新创业教育水平。

（一）学生主体的反馈

学生是高校创新创业教育的主要对象，是创新创业教育的主体。要想知道学生主体对学校创新创业教育的评价，就要从学生的参与度、满意度、转变度和创业能力四个角度进行考查。

1.参与度

保证学生能够积极主动地参与创新创业教育课程开发，是高校创新创业教育开展的前提。近年来，"学生参与度"指标在教育质量评价中日益受到重视，也应受到创新创业教育工作者的足够重视，具体指学生在有效教育实践中投入的时间和精力。

2.满意度

学生对教育质量的看法是一种主观的评价，但学生是受教育的主体，教育质量水平会影响他们的知识获取能力、知识应用能力以及就业竞争力。因此，从一定意义上讲，从学生的课程体验角度对教育质量进行评价已成为一种必然趋势。

3.转变度

高校创新创业教育着重对高校学生创新意识与创业能力进行培育，因此对其质量和效果的评价不能忽视教育"前—后"学生在创新创业领域的知识技能、情感态度、价值观转变的程度。

4.创业能力

创业能力的培养是高校创新创业教育的重要目标之一，是培养学生创业竞争力、提高创业质量、提高创业项目的成功率、推进创新型国家建设的基础工作，因此对学生创业能力进行评价也是评价的重要维度。

（二）教师的反馈

教师是创新创业教育的执行者，尊重其意见也至关重要。针对教师进行教学课程设计、教学体系构建等方面的调研，找到不断推动创新创业教育发展的方法，可为创新创业教育方案设计提供重要参考。

（三）社会和企业的反馈

高校学生最终要走向社会和企业，它们对学生质量和水平有着最直接的判断，对学生创新创业素养有着另一个视角的理解和观察。这种理解和观察直接与企业和社会所需的人才相关联，直接反映学校培养的人才的质量。企业和社会的评价反馈，是学校创新创业教育改革的重要参考，是高校创新创业教育体系不断更新、改革和完善的重要推手，是设计创新创业教育方案必不可少的参考因素。

同时，为了构建更全面、更完善、更有效的创新创业教育评价体系，高校应通过官网、应用软件、报纸等渠道，收集获取评价的反馈信息，并利用反馈信息，促进创新创业教育改革。

五、构建闭环式创新创业教育评价体系

首先，从系统工程的角度构建创新创业教育评价体系，从顶层设计到建立评价反馈机制，自上而下互相影响，同时又自下而上进行修正和改进，形成不断优化的闭环系统。其次，在评价阶段，主要从学校和学生两方面进行评价设计，其中各个视角都注重过程和结果评价，使得创新创业教育评价既强调过程的重要性，也强调结果的不可或缺性。最后，通过建立反馈机制，实现评价体系不断更新、修正和完善，从而构建闭环式创新创业教育评价体系（如图7-1所示）。

综上所述，高校可采取创新创业系统化评价方式，多重激励创新创业师生，构建促进创新创业教育持续进步的评价体系，实现以评促育、以评促改、以评促教、以评促创。

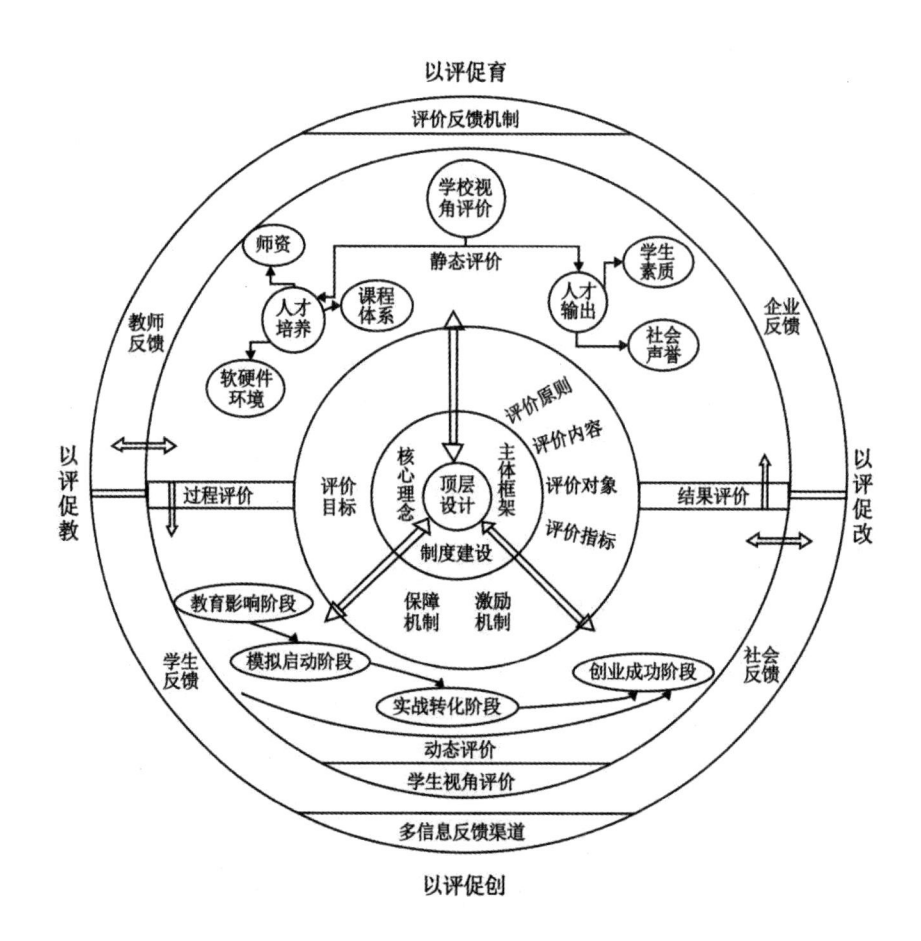

图 7-1 闭环式创新创业教育评价体系

第八章 高校创新创业教育融合发展新模式

第一节 专业教育与高校创新创业教育的融合

一、专业教育与高校创新创业教育融合的意义

（一）提高学生的竞争能力

专业教育的侧重点是专业理论及实践操作。创新创业教育不仅可以提高学生的创新意识、创新能力，还能有效弥补专业教育的不足；不仅能够提升学生的专业能力，还能提高学生的社会适应能力。

（二）增加学生的就业机会

在就业压力越来越大的今天，自主创业被看作解决高校毕业生就业问题的方法之一。将创新创业教育融入专业教育后，学生会学到很多创业知识和技能。在就业的过程中，当具有企业家精神的学生发现自己所在的岗位并不适合自己的时候，便会选择自主创业这条道路，而自主创业还可以帮助解决其他毕业生的就业问题。

（三）提高高校持续发展的能力

当今时代，人才竞争已经成为综合国力竞争的焦点，我国实施创新驱动发展战略，急需创新型人才。高校把创新创业教育融入专业教育中，在培养大学生专业技能的同时，着重培养大学生的创业精神和创业能力，有利于为国家输送创新型人才，以应对越来越激烈的国际竞争。

二、专业教育与高校创新创业教育融合的原则

（一）适应性原则

目前，我国高校以专业教育为主，以培养学生掌握扎实的专业基础知识、具备较强的专业能力为目标，主要依据专业人才培养方案实施教学。因此，创新创业教育与专业教育的融合，既要考虑到专业人才培养方案的复杂性与系统性，又要考虑到创新创业教育的综合性与实践性。高校应遵循适应性原则，在确保专业教学有序实施的前提下，有效融入创新创业教育。从培养目标、课程设计、学分要求，以及实践性教学活动等方面将创新创业教育融入专业人才培养方案中，在专业教学过程中发挥出创新创业教育的实践作用，培养学生的综合素质与能力，不断提高人才培养质量。

在创新创业教育与专业教育融合过程中需要做好三方面的融合，即培养方案的融合、课程的融合和实训的融合。创新创业教育与专业人才培养方案的融合，是将创新创业教育理念融入专业人才培养的目标中，包括课程性质和学分设置等；创新创业教育课程与专业课程的融合，包括课程安排、教师的选择等；创新创业教育与专业实训的融合，包括校内外实践平台的构建，实践教学课程计划、安排等。

（二）需求导向原则

受传统教学理念的影响，我国一些高校以知识的传授为中心，忽视对学生主观能动性、创造力和想象力的培养，难以满足当前经济发展对于人才的要求与需求。而创新创业教育以培养学生的能力素质、思维品质为价值取向，将其与专业教育相结合，有利于启发学生的思维，促进学生的全面发展。由此可见，创新创业教育是专业教育的深化，对专业教育的作用是巨大的，可以有效促进专业教育的发展和创新。

专业教育和创新创业教育作为高等教育不可或缺的两个组成部分，二者对培养既具备扎实专业理论知识，又具有开拓精神和创新能力的高素质人才发挥着重要作用。因此，高校应遵循需求导向原则，从创新创业教育与专业教育互补的角度出发，促进二者的有机融合。一方面，要在高校寻求改革突破口的需求下，调整人才培养模式，在专业教学中充分、合理地融入创新教育，处理好学生专业理论知识传授与实践能力培养的相互关系，有效提升教学质量；另一方面，要在经济发展对人才需求的转变背景下，把培养学生勇于创新的精神与专业教育有机结合，使创新创业教育能够落地生根，合力提升学生的综合素质。

（三）循序渐进原则

在全面深化高等教育教学改革的背景下，促进创新创业教育与专业教育有机融合既是高校提高人才培养质量的内在需求，也是新发展理念下推进高校综合改革的重要举措。高校需要遵循循序渐进的原则，突破传统观念和惯性思维的限制，进一步改革创新，以回应深化人才培养改革的现实需要，使学生的创业激情和创造能力竞相迸发。

三、专业教育与高校创新创业教育融合的有效路径

（一）优化人才培养方案

全面发展高等教育，需要将创新创业教育的培养方案融入专业教育的培养方案之中，做到创新创业教育与专业教育同步进行。在高等教育中，创业型人才的培养应该获得与技能型人才的培养同等的位置。在人才培养方案中，要明确地列出创新创业教育与专业教育的培养规格，保证在专业教育的课堂中融入创新创业教育。

（二）深化课程体系改革

创新创业教育能否顺利地融入专业教育当中，课程体系改革起到决定性的作用。高校在构建创新创业教育课程体系时应按照学生的不同需求，开设不同岗位的培训课程，然后在不影响现有专业教育课程培训效果的前提下，把这些创业培训课程穿插其中。在今后的社会发展进程中，为了使所培养的学生能以最快的速度适应社会的需求，并创造出价值，高校课程体系改革的重点将会落在培养学生的创新精神和创业能力上。应把创新创业教育有效纳入专业教育和文化素质教育教学计划和学分体系，建立多层次、立体化的创新创业教育课程体系。为了突出专业特色，创新创业类课程的设置要与专业课程体系有机融合，创新创业实践活动要与专业实践教学有效衔接，以积极推进人才培养模式、教学内容和课程体系改革。应加强创新创业教育教材建设，借鉴国外的成功经验，编写适用性强、有特色的高质量教材。

（三）开展创业实践活动

创新创业教育教学工作，需要与社会生产实践相结合。高校要在校内加强对学生技能培养的同时，在校外建设相应的创业实训基地，开展创业实践

活动。另外，教师应该把企业的业务流程带到教育课题之中，与学生一起制订实训计划，让学生通过实际锻炼，体验创业相关工作。在参与社会实践活动时，大学生更愿意关注一些创业成功案例，当他们受到鼓舞后，创业热情就会被激发。

高校要把创新创业实践作为创新创业教育的重要延伸，通过举办创新创业大赛、讲座、论坛、模拟实践等方式，丰富学生的创新创业知识和体验，提升学生的创新精神和创业能力。高校要将创新创业教育和实践活动成果有机结合，积极创造条件对创新创业活动中涌现的优秀创业项目进行孵化，切实扶持一批大学生实现自主创业。

（四）建立新的考核评价体系

为了保证创新创业教育顺利地融入专业教育，高校应该考虑调整传统的考核评价体系。新的考核评价体系不仅要对教师进行考核评价，同时也应该考虑对学生进行考核评价。高校要把教师教授创新创业内容、培养学生创业精神的相关工作等纳入考核评价体系中，同时制定鼓励性的考核政策，当教师的评聘和报酬与考核体系挂钩后，他们参与创新创业教育的积极性就能很好地被调动起来。当然，高校也要建立健全学生考核评价体系，鼓励学生在完成专业的学习任务后积极参与创新创业实践活动。

四、专业教育与高校创新创业教育融合发展对高校师资队伍的要求

创新创业教育对高校师资队伍提出的要求与传统的专业教育有很大不同。在创新创业教育过程中，教师要做到以学生为中心，在不同的学习环境里，以组织者或指导者的身份帮助和促进学生发挥其主动性和积极性，使学

生能灵活掌握和运用所学的知识。专业教育与创新创业教育融合发展的多层次人才培养目标和多层次课程体系对高校教师提出了新的要求。教师既要具备专业基础知识，又要有与创新创业相关的经历。这就要求高校建设高素质"双师型"师资队伍。所谓"双师型"教师，是指爱党爱国，具备良好的师德修养，具备企业工作或实践经历，具备理论教学能力和实践教学能力，紧跟产业发展趋势和行业人才需求，并把新技术、新工艺融入教学的教师。高校应根据本校"双师型"师资队伍建设现状，及时调整策略，促进专业教育与创新创业教育的融合发展。

（一）高校师资队伍建设现状

近年来，高校根据专业建设和人才培养需要，引进与培养并举，深入推进教师队伍建设。经过一段时间的建设，高校师资队伍的质量和结构均有了较大变化，为人才培养、专业建设、教学研究、社会服务提供了有力的人力资源保障。高校师资队伍建设虽然取得了一定成效，但与教育部关于高校内涵建设的可持续发展要求还存在差距。高校现有的师资队伍的质量，并不能很好地满足创新创业教育与专业教育融合的需求。具体来说，主要表现在以下两个方面：

第一，部分创新创业教育教师不具备专业的教学资格。由专业教育教师转型而来的创新创业教育教师，缺少创业的实践经验，给学生教授的创业课程缺乏针对性。

第二，高校对教师的职业化程度规划不够。一些高校的创新创业教育教师没有具体的归属部门，甚至创新创业教育教师的发展计划并没有纳入师资队伍的整体规划中。

（二）高校师资队伍建设的策略

高校应以培养专业带头人为突破口，以培养骨干教师为抓手，以建立"双师型"教师培养长效机制为核心，以协同培养兼职教师为辅，加强"双师型"师资队伍的建设，实现师资来源的多元化和师资教育技能的多元化。

1.以培养专业带头人为突破口

（1）重视专业带头人的选拔与培养

高校应制定专业带头人遴选办法，选拔校内专业带头人，确保每个专业都有校内专业带头人；通过制度建设，强化对专业带头人的培养。高校应为专业带头人提供专业调研机会，为"双师型"师资队伍建设提供专业方面的保障。

（2）加大专业带头人的引进力度

各高校师资队伍状况不同，在专业建设和课程建设上也有所不同，所以高校应该完善人才引进机制。各高校应调整人才引进的优惠政策，拓宽引进渠道和加大引进力度。对于重点专业带头人和特殊人才，高校应给予其特殊的工作待遇。

2.以培养骨干教师为抓手

（1）确保骨干教师质量

为了保证骨干教师的质量，高校理应重点培养那些既具有教学能力、又熟悉行业动态的教师，并且在固定的年限内对骨干教师进行选拔，调动骨干教师的工作积极性。

（2）提高骨干教师素质

高校应选派骨干教师到发达国家研修，学习先进的办学理念和创新创业教育理念、课程开发模式、教育教学方法和技术，开阔他们的视野，提高他们的课程开发能力、专业水平和业务能力。高校可以组织骨干教师参加关于创新创业教育教学能力提升的各类培训，鼓励其学习新技术，并取得相应的职业资格证书，积极参与社会服务和应用技术项目的开发。此外，高校还可以安排骨干教师到企业进行顶岗锻炼，在完成实践项目的基础上，通过校企双重考核，提升他们的专业技术能力。这样，骨干教师就能更好地把基础理论知识和实践经验结合起来，并把这些融入教学过程中，推进专业教育与创新创业教育融合发展。

3. 以建立"双师型"教师培养长效机制为核心

高校要建立教师职业生涯规划制度，把提升素质纳入每一位教师的职业生涯规划；建立"双师型"教师继续教育的培训制度，根据教师的年龄、学历、经历等具体情况，制订继续教育培训计划，并定期予以考核；针对教师实际情况实行分类培养，积极派遣教师到企业顶岗锻炼。

4. 以协同培养兼职教师为辅

（1）建立稳定的兼职教师队伍

高校应建立兼职教师档案，探索"校企双向互聘"机制，以校企互动、协同共建的方式，建立一支稳定的兼职教师队伍，聘请既有实践经验又能胜任教学任务的行业专家或生产第一线的技术能手承担实践教学任务，并给予教学成绩优秀者一定的奖励。

（2）提高兼职教师的专业课授课课时的比例

2021年初，教育部办公厅印发的《本科层次职业教育专业设置管理办法（试行）》中明确提出，来自行业企业一线的兼职教师占一定比例并有实质性专业教学任务，其所承担的专业课教学任务授课课时一般不少于专业课总课时的20%。

（3）提高兼职教师教育教学能力

高校应强化对兼职教师的培养，全面提高兼职教师的教学水平；开展兼职教师教育教学能力的专项培训，不断提升兼职教师教育教学能力，发挥兼职教师在推进专业教育与创新创业教育融合发展中的作用。

总的来说，高校加强创新创业师资队伍建设应从以下几个方面着手：

一是引导各专业教师、就业指导教师积极开展创新创业教育方面的理论和案例研究，不断提高在专业教育、就业指导课中进行创新创业教育的意识和能力。

二是支持教师到企业挂职锻炼，鼓励教师参与社会行业的创新创业实践。

三是积极从社会各界聘请企业家、创业成功人士、专家学者等作为兼职教师，建立一支专兼结合的高素质创新创业教育教师队伍。

四是从教学考核、职称评定、培训培养、经费申请等方面给予支持。

五是定期组织教师培训、实训和交流，不断提高教师教学研究与指导学生创新创业实践的水平。

此外，高校要广泛开展创新创业教育和大学生自主创业的宣传，通过报刊、广播、电视、网络等媒体，积极宣传国家和地方促进创业的政策、措施，宣传各地和高校推动创新创业教育和促进大学生创业工作的新举措、新成效，宣传毕业生自主创业的先进典型。

第二节　教育实践体系与高校创新创业教育的融合

一、教育实践体系的内涵及构建原则、构建的目标导向

顾明远主编的《教育大辞典》中，对教育实践教学有一个明确的解释：教育实践教学是相对于理论教学的各种教学活动的总称，包括实验、实习、设计、工程测绘和社会调查等，旨在使学生获得感性知识，掌握技能、技巧，养成理论联系实践的作风和独立工作的能力。这种对教育实践教学的定义，是从其内涵和外延来理解的。

（一）教育实践体系的内涵

教育实践体系是一个有机整体，大部分学者认为其内涵有狭义和广义之分。广义的教育实践体系是指由目标体系、内容体系、管理体系和评估体系等要素构成的教育实践体系整体。狭义的教育实践体系是指教育实践的内容体系。这里以广义的教育实践体系内涵作为参照，但并不局限于目标体系、内容体系、管理体系和评估体系四大要素。

本节把课程实验、专业实训、毕业实习等环节作为教育实践活动，把完善教育实践管理机制看作高校教育实践体系构建的前提条件。笔者认为，教育实践体系是以教育实践人才培养目标为核心前提，以教育实践活动为主体内容，并将相应资源环境作为支持条件的一个有机联系的整体。

（二）教育实践体系的构建原则

1.目标性原则

高校教育实践体系的构建必须紧紧围绕培养大学生创新创业能力这一人才培养目标进行，高校要把培养既具有扎实的理论基础，又具有较高创新素养和较大创业潜能的人才作为构建教育实践体系的出发点。高校应根据专业学科特点、发展规律以及社会对人才的需求制定教育实践体系人才培养目标。

2.系统性原则

高校教育实践体系的构建应根据高等教育的规律、人才培养特点，按照各个教育实践环节的地位、作用及相互之间的联系，运用系统科学的方法进行统筹安排，要处理好实践教学与理论教学的关系，合理分配课时比例，保持整个教学过程的系统性。实践教学与理论教学的相互衔接、相互渗透，使教育体系内的各个环节协调统一，贯穿于高等教育的全过程。

3.层次性原则

大学生能力的发展是一个循序渐进的过程。遵循这一客观规律，教育实践体系中各要素的构建也应分阶段、分层次地逐步深化。教育实践目标的制定要由易到难，教育实践环节的推进要由简单到复杂，教育实践方法的使用要由单一到综合，等等。

4.实践性原则

实践出真知。因此，教育实践体系的构建要有利于学生实践能力的培养，主要体现在教育实践目标要符合社会发展和人才需求，除培养学生的实践能力外，还应注重培养学生的创新能力，以满足学生自主发展的需要。在教学过程中，教师应以实践活动为主导，模拟真实的环境开展教育实践活动，引导学生在实践中掌握知识。

（三）教育实践体系构建的目标导向

创新创业人才培养目标是教育实践体系构建的目标导向，也是其核心前提。在教育实践体系的构建中，高校要把培养学生的创新创业能力作为教育实践人才培养的目标，把创新创业人才培养目标贯穿教育实践体系的每个环节，通过教育实践活动培养学生的实践能力、创新素养，使学生解决实际问题的能力和综合素质得到全面提高。创新创业人才培养目标可分为以下几个方面：

1.培养学生理论联系实际的能力

教育实践的首要任务就是要求学生将学习理论知识与动手实践相结合，将课堂教育与社会实践相结合，坚持理论联系实际、学以致用。教育实践培养学生运用知识的能力，真正发挥理论指导实践的作用，为学生毕业后进入社会工作创造必要条件。

2.培养学生发现问题与解决问题的能力

在用人单位看来，现在的部分高校毕业生发现问题、解决问题的能力并不十分突出。由于缺乏实践经验，部分高校毕业生在工作中很难恰当地运用其学到的专业知识，因此通过教育实践，积极提高学生的观察力、理解力和思考力，培养学生发现问题与解决问题的能力，对新时期人才培养具有重要意义。

3.培养学生的实践能力

创新创业人才培养的核心就是创新能力的培养，而实践能力是创新能力发展的基石，没有实践能力，创新能力是不可能得到发展的。

高校要依据自身的定位，适当调整各专业教学计划，以培养学生创新创业能力的教学理念为指导，突出教育实践体系各环节的连贯性和整体性，完善教育实践内容，着重培养学生的实践能力，满足时代发展对高素质人才的需要，力争实现创新创业人才培养目标。

二、教育实践体系构建的前提条件、阶段内容

（一）教育实践体系构建的前提条件

教育实践体系的顺利构建需要一系列教学硬件和软件的支持，这些软件和硬件构成了教育实践体系的资源环境，主要包括教育实践体系构建的前提条件、环境保障和质量保障等方面。其中，完善的教育实践管理机制是高校教育实践体系构建的前提条件，主要表现在以下几个方面：

1.分级组织管理

高校教育实践管理应实行校、院二级管理体制，由学校负责为教育实践制定相应的管理办法和措施，各二级学院作为办学实体负责教育实践活动的组织和开展。

2.教学制度管理

目前，许多高校的学生必须按照专业教学计划，接受与本专业其他同学相同的教学内容，而不能自主选择个性化的课程，这样并不利于学生创新能力的培养。这就需要高校实行"弹性学分制"，保证学生获得学分途径的多样性和灵活性，以促进学生创新能力的发展。

3.运行评价管理

高校应建立有效利用和共享开放实训实习基地的机制,保证教育实践资源得到有效利用,为教育实践活动的开展提供保障;同时,需要为教育实践的各个环节制定相应的评价反馈机制,并利用这种机制促进教育实践质量的提高。

(二)教育实践体系构建的阶段内容

按照不同的教学目标,根据实践内容深度、实践技能综合应用水平的递进原则,教育实践体系的构建可以分为基础实践阶段、专业实践阶段和综合实践阶段三个阶段。

1.基础实践阶段

该阶段是学生专业能力得到初步锻炼的阶段。这个阶段对学生加深对理论知识的理解、教师弥补课堂教学的不足起着重要作用,也是向专业实践阶段过渡的前提。基础实践阶段主要包括课程实验、社会调查和参观见习三个环节,重点培养学生的基本实践技能和基础实验能力。课程实验的教学目标是以理论知识为支撑的,目的是使学生具备以操作能力为主的基础实践能力,通过实际操作和应用发现并解决问题;社会调查是指学生通过实地调查研究解决遇到的问题;参观见习主要通过教师带学生参观校外单位的方式进行,目的是增加学生的专业知识。

2.专业实践阶段

该阶段是学生在系统学习专业知识之后,把所学知识运用到科研探索、项目实践中的阶段。这个阶段强调专业实践的重要性,对学生科研能力的培养有很大帮助。专业实践阶段主要包括课程设计、项目实践和专业实训三个环节。课程设计对培养学生提出、分析和解决问题的能力起着重要作用,是学生巩固所学理论知识的重要途径。学生在课堂上学习的时间有限,很难完全掌握专业知识,项目实践环节可以让学生根据自己的特长,选择自己感兴趣的某一专业项目，在教师的指导下，以项目小组的形式进行学习和研究，通过互帮互学，培养团队精神和实践能力。专业实训则主要采用校企结合的形式，由学校教师和企业职工带队，让学生到实际的工作环境中去感受未来的工作状态，帮助学生及早适应工作环境，以满足行业需求。

3.综合实践阶段

该阶段主要包括科研竞赛、毕业实习等环节，重点在于提升学生的实践能力和创新能力。学生可以在教师的指导下，参与课题研究、科研立项和大学生创新性实验项目等活动，也可以参加与本专业相关的各类竞赛活动。毕业实习是学生自己到相关企业，投入实际工作，靠自己的能力解决问题，给企业创造经济效益的过程。学生可以在毕业实习中积累工作经验，为就业做准备。

三、高校创新创业教育实践体系的组成部分

高校创新创业教育实践体系是教育实践体系与高校创新创业教育深度融合的产物，通过这个体系，高校把专业教学活动、社会实践活动、实习实训活动、科学研究活动和创业实践活动结合起来，形成循序渐进的创业全过程实训。创新创业教育实践体系主要通过整合学校、企业和社会的各种资源，建立开放式、多元化的创业实践平台与基地来实现。

创新创业教育有别于专业课教育和基础课教育，要求教师在传授理论知识的基础上，让学生掌握认识自我、认识事物、认识社会的方法和手段，培养学生创新创业能力。因此，在授课的过程中，教师要坚持理论与实践相结合的原则。根据创新创业实践教学的特点，这里把高校创新创业教育实践体系分为认知性创新创业教育实践、思考性创新创业教育实践、模拟性创新创业教育实践三个部分。

（一）认知性创新创业教育实践

认知性创新创业教育实践主要包括以下几个方面的内容：

一是组织学生参加社会实践和社会调查活动，使其深入认识社会，了解企业现状与发展状况，提高认知能力。

二是指导学生充分利用实习机会，接触专业实践活动，从而提高创新创业能力。

三是指导学生在实习实训基地体验企业文化，提高对企业的认知能力。

四是发挥创新创业典型的示范作用及成功案例的激励作用，采取讲座、座谈会的形式教育和引导学生，丰富学生的创新创业知识与体验，或采用访谈的形式让学生接触典型、学习典型，提高其创新创业能力。

（二）思考性创新创业教育实践

学校通过举办与创新创业相关的比赛，引导学生参与各种科研训练活动，可以使学生在训练、比赛中体验创业经历，增进沟通交流，加深对创新创业的理解，培养团队精神。

（三）模拟性创新创业教育实践

模拟性创新创业教育实践包括创立校内外创业孵化与创业实践基地，指导学生参加有关提高创业能力的训练活动。依托校内大学生创新创业实践基地与大学科技园，汇集智力、知识、技术和资金，建立科技合作交流平台，为学生进行创新创业技术交流提供帮助；依托校外创业孵化基地和各类创业中心，与企业合作，共建模拟性创新创业平台。

四、加强高校创新创业教育实践体系建设的措施

（一）建立创新创业教育实践管理机构

创新创业教育在我国经过一段时间的摸索和实践，已经取得了初步的成绩、积累了一定的经验。目前，多数高校在本校创新创业领导小组的直接指导下，依托教务处、科研处、学工处、团委和就业管理部门等相关部门的力量，协调各系部投入创新创业教育实践活动。教务处负责创新创业课程（多为选修课程）教学计划的制订，学工处负责组织协调校内的创新创业项目比赛活动，科研处联系有关专家开展评审、检查等工作，并与就业管理部门一同做好学生创新创业成果的孵化和转化。

这种组织工作形式虽然能有效利用高校管理资源，但没有专职的管理机构负责研究和管理创新创业教育实践的相关工作，依然不能满足创新创业教育实践体系系统的、长期的发展要求。因此，高校的创新创业教育实践工作要想全面系统、持续有效地开展，就应设置独立的创新创业教育实践管理与研究机构，负责统筹创新创业教育、创新创业基地建设、创新创业资产管理、创业政策扶持和指导服务、创新创业教育理论研究等工作，全面协调创新创业教育实践和大学生自主创业工作。

（二）开展创新创业教育实践

创新创业教育实践体系建设是一项系统工程。高校要想完成创新创业教育的任务，引导学生创业，就需要将创新创业教育融入各专业学科，开展各式各样的创新创业教育实践，把创新创业素质的培养贯穿创新创业教育实践的全过程。开展创新创业教育实践可从以下几方面进行：

1.结合专业教育实践，打好创新创业基础

第一，加大对学生创新思维和创新创业能力培养的力度。建设创新创业

教育实践体系，专业教育实践至关重要。创业的本质是创新，是变革。对创业者来说，仅有创新意识是不够的，还需掌握充足的专业基础知识与扎实的专业技能。专业教育实践是帮助学生巩固理论知识、提高动手操作能力的最好手段。专业教育实践要结合专业人才就业状况、创业需求进行充分调研和论证，根据职业对岗位知识与能力的要求，将创新创业能力的培养融于各门课程之中，组织实施教学实践活动。

第二，跟踪行业发展动向，及时调整课程与实践教学环节设置，把握专业学习方向，确保学生所学知识与技能的适用性与先进性，以利于创新创业人才培养目标的实现。

2.推广项目型教育实践，提高学生的创新创业水平

高校要推广以项目型教育实践为核心的创新创业教育实践模式，让学生得到创新思维、创新意识、创业能力的训练与培养。项目型教育实践以实现课题、项目要求为目标，是对学生专业知识与技能的综合运用能力进行训练的实践，强调的是对学生科研能力与创造性思维能力的培养。项目型教育实践最能体现学生在创新创业教育实践中的主体性特点，从项目方案的研讨设计、设施器材的申请准备，到项目方案的执行操作、检测修改，以至项目目标的实现，整个过程都可放手由学生自己完成。学生是项目型教育实践的主角，教师应该主动引导学生，让他们更多地感受创新科研的过程，增强其创新创业的意识，提高其创新创业的水平。

项目型教育实践可以借鉴"全国大学生机械创新设计大赛"等系列赛事项目的经验，围绕学生动手能力、独立思考能力和实际应用能力等进行训练。开展大学生项目型教育实践，能使大学生得到科学研究与发明创造方向的初步训练，使大学生学会利用所学专业知识与技能解决实际问题。项目型教育实践可以借鉴"挑战杯"中国大学生创业计划竞赛等系列赛事的经验，提高大学生人际交往能力、组织管理能力、开拓创新能力、竞争能力和决策能力。创业本身就是创新的一种表现形式，项目型教育实践是对创新实践内容的丰富和发展。

3.抓住实习契机，加强创业能力训练

我国大学生创业欲望强烈，但实际创业的学生比例不高，创业成功率也偏低。究其原因，主要在于校内的各种学习活动与社会上的工作存在一定偏差，导致大学生创新创业能力不高。而在实习的过程中，通过在工作单位为期数月的岗位工作劳动，学生可积累一定的实际工作经验，对所学专业内容有更深切的体会，为真正走入社会奠定基础。实习既是磨炼学生吃苦耐劳品质、培养学生实干精神的重要过程，也是开展创业训练的大好时机。高校应抓住这一机会，在学生实习之前，首先组织学生参与创新创业教育项目培训，并制订与创业能力培养相关的实习计划，要求学生在实习过程中思考创新创业相关课题。通过学校的引导，学生的创新意识、创业能力将会得到进一步提高。

（三）建设创新创业实践基地

创新创业实践基地是培养学生创新意识、创业能力的重要场所。校内创新创业基地、大学生创业园和校外实训基地的有机结合，为大学生创新创业实践提供了平台，有利于加强创新创业教育实践体系建设。

1.共享已有校内实践资源，统筹营建创新创业基地

为践行节约环保、资源共享的理念，高校在进行校内创新创业实践基地建设时可以以学校现有科研实验场所、实验仪器设备等专业实践教学资源为基础，根据创新创业人才培养对基本技能实践、创新项目实践和创业项目实践等实践类型的需要，对已有校内实践资源的规模、功能和结构进行系统研究，通过统筹规划与调配、适度重组与补充的方式，尽可能减少重复建设，最大限度地利用这些实践教学资源；同时，要建设开放性实验室，在满足正常的教学、科研工作的基础上，对需要进行创新创业项目实践与基本技能训练的学生开放，发挥实验室对学生创新创业素质的培养作用，鼓励学生开展探究性的学习与研究。

大学生创业实习或孵化基地是高校开展创新创业教育、促进学生自主创业的重要实践平台，主要任务是整合各方优势资源，开展创业指导和培训，接纳大学生实习实训，提供创业项目孵化的软硬件支持，为大学生创业提供支撑和服务，促进大学生创业就业。

大学科技园是"高校学生科技创业实习基地"的建设主体，要把基地建设作为园区建设的重要内容，确定专门的管理部门负责基地的建设和管理；依托学校和有关部门，共同开展大学生实习实训和创业实践。高校要高度重视大学科技园在创新创业人才培养中的作用，出台有利于大学科技园开展学生创业工作的政策措施和激励机制。

高校可通过多种渠道筹集资金，设立大学生创业扶持资金；依托大学科技园、创业基地、各种科研平台以及其他科技园区等为学生提供创业场地。同时，有条件的高校要结合学科专业和科研项目的特点，积极促进教师和学生的科研成果、科技发明、专利等转化为创业项目。

2.搞好大学生创业园建设，发挥其创新创业人才培养作用

建设大学生创业园或科技园是创新创业教育实践体系的重要组成部分，其投资主体主要是政府、高校和少数企业。园区融大学生创业实践、创业孵化、创业培训和创业服务功能于一体，是培养大学生创新思维、进行创新创业教育实践的重要基地。目前，初创企业以科技型企业、信息型企业为主，大部分是中小型企业。高校要鼓励大学生将实验室研究的成果和创新项目带到基地进一步研究开发，并通过提供法律、税务、财务及政策信息服务等帮助初创企业规避创业风险，提高企业的成活率。

对大学生来说，在这些园区里参加创业实践，体验真实的创业活动，可以使他们的创业潜能得到进一步的开发，这种培养模式是学校创新创业教育的重要补充。高校应为学生提供良好的创业环境，以培养社会需要的高素质创新创业人才。

3.深化与校外实践基地的合作，强调创新创业教育理念

校外实践基地是学生结合专业学习、走出校门接触社会生产实际的重要实践场所。通过在校外实践基地的参观见习、生产劳动实习，学生的社会劳动适应能力、职业道德修养和创新创业实践能力得以提高。学生在实践中可以全面了解与体验实习单位的机构设置、工作流程、管理制度、产品与服务、市场行情和企业文化等方面的内容，这些使学生为未来的就业创业储备了知识、积累了经验。

学校要重视和加强校外实践基地的建设，积极深化与企业的合作，发挥自己的科研优势，与企业一道攻克技术难题，开展产品研发，互利互惠，实现校企双赢。学校与企业的合作可以使教师的教学、科研内容更加切合实际，向学生传播创新创业教育理念，使学生有的放矢地进行创新创业活动。学校应充分利用校外实践基地这一平台，发挥其在创新创业教育实践中的资源优势。

（四）做好创新创业教育实践的资金保障工作

创新创业教育实践工作要想得到长足发展，需要得到持续有力的资金保障。各种实践活动的开展、实践基地的建设、对师生进行的教育培训、大学生创新创业中心的建设等都需要相应的财力予以保障。创新是一个民族进步的灵魂，是一个国家兴旺发达的不竭动力，高校要把创新创业教育实践放到重要的位置。

目前，我国创新创业教育仍处于发展阶段，大学生创新创业教育实践体系是一个庞大的体系，加强其建设需要做好资金保障工作。因此，高校要加强对创新创业教育专项资金的使用管理，提高资金使用效率。高校可以通过设立创业基金、创新创业奖学金等方式，为有创业意向的学生提供资金支持。

高校要把创新创业教育作为推进高等教育综合改革的重要抓手，将创新创业教育贯穿人才培养全过程，面向全体大学生开设创新创业教育专门课程，纳入学分管理，改进教学方法，增强实际效果。高校要坚持理论与实践相结合，组织学生参加各类创新创业竞赛、创业模拟等实践活动，着力培养学生的创新精神、创业意识和创新创业能力。高校要聘请创业成功者、企业家、投资人、专家学者等担任兼职导师，对创新创业的学生进行一对一指导。

第三节　劳动教育与高校创新创业教育的融合

一、劳动教育融入高校创新创业教育的必然性

《中共中央 国务院关于全面加强新时代大中小学劳动教育的意见》明确指出，以习近平新时代中国特色社会主义思想为指导，全面贯彻党的教育方针，落实全国教育大会精神，坚持立德树人，坚持培育和践行社会主义核心价值观，把劳动教育纳入人才培养全过程，贯通大中小学各学段，贯穿家庭、学校、社会各方面，与德育、智育、体育、美育相融合，紧密结合经济社会发展变化和学生生活实际，积极探索具有中国特色的劳动教育模式，创新体制机制，注重教育实效，实现知行合一，促进学生形成正确的世界观、人生观、价值观。

劳动教育是国民教育体系的重要内容，是学生成长的必要途径，具有树德、增智、强体、育美的综合育人价值。实施劳动教育的重点是在系统的文化知识学习之外，有目的、有计划地组织学生参加日常生活劳动、生产劳动和服务性劳动，让学生动手实践、出力流汗，接受锻炼、磨炼意志，培养学生正确劳动价值观和良好劳动品质。

学校要通过劳动教育，使学生能够理解和形成马克思主义劳动观，牢固树立劳动最光荣、劳动最崇高、劳动最伟大、劳动最美丽的观念；使学生形

成劳动创造美好生活、劳动不分贵贱、尊重普通劳动者的意识，培养勤俭、奋斗、创新、奉献的劳动精神；使学生具备满足生存发展需要的基本劳动能力，形成良好劳动习惯。

学校要切实承担劳动教育主体责任，明确实施机构和人员，开齐开足劳动教育课程，不得挤占、挪用劳动实践时间；明确学校劳动教育要求，着重引导学生形成马克思主义劳动观，系统学习掌握必要的劳动技能。

马克思主义理论强调教育与生产劳动相结合。1989 年，联合国教科文组织在北京召开了"面向 21 世纪教育国际研讨会"，首次提出了"创业教育"的概念，并指出创业能力完全是从"做中学"来的，因而学生必须改变学习方式。创业能力是在实践中形成的，因而创新创业教育离不开劳动教育，这是创新创业教育与劳动教育融合的理论依据。

2018 年 9 月，习近平总书记在全国教育大会上的讲话中强调了劳动的重要意义，指出"要努力构建德智体美劳全面培养的教育体系"。进入新时代，全球科技创新空前活跃。伴随信息化时代和人工智能时代的来临，"劳动"被赋予新的内涵，探索真知和重视实践成为新时代劳动教育的重要特征。创新创业是体现智力劳动和复杂劳动的实践过程，高校创新创业教育在培养大学生的创新精神、创业意识的过程中，有必要融入包含培养学生劳动观念、劳动习惯和劳动技能在内的劳动教育内容，有必要大力弘扬劳模精神、劳动精神和工匠精神，让大学生在学校的创新创业学习和实践中热爱劳动、崇尚劳动，愿意参与劳动，增强劳动带来的获得感，树立劳动光荣、创造伟大的正确观念。从教育内容和教育目标来看，劳动教育和创新创业教育的融合，不仅有助于塑造大学生的劳动观和创新观，而且有助于提升大学生的综合素质，更有助于大学生成长成才。

二、劳动教育融入高校创新创业教育的意义

在 2018 年的全国教育大会上，习近平总书记指出，要把学生培养成"德智体美劳全面发展的社会主义建设者和接班人"。劳动教育所蕴含的返璞归真、务本崇实精神使之成为新时代构建全面培养教育体系必不可少的一部分。高校有必要在创新创业教育中融入劳动教育，形成完善的人才培养体系，提高创新型人才培养质量，为服务创新驱动发展战略、助力"大众创业、万众创新"提供更加有力的人才智力支撑。

劳动教育与创新创业教育相融合，将丰富和完善高校创新创业教育体系。劳动教育融入创新创业教育的意义主要有以下两点：

（一）劳动教育有助于增强高校创新创业教育的普遍适用性

首先，我国高校的创新创业教育在理论基础和实践经验方面还处在探索中，部分高校的创新创业教育实践多为开展创新创业比赛活动，涉及的学生面窄，影响力弱；其次，多数高校的创新创业教育注重的是创新创业知识的传授，容易出现片面追求理论学习的情况，具有较强的功利性取向。将劳动教育融入创新创业教育，既有助于增强高校创新创业教育的普遍适用性，也有助于促进学生全面发展。

（二）劳动教育有助于增强高校创新创业教育的实效性

创新创业教育与劳动教育在目标上具有一致性，都是通过一系列实践活动达到锤炼学生意志品质、提高学生综合素质的目的。劳动教育与创新创业教育的融合不仅有利于增强创新创业教育的实效性，而且能够帮助大学生树立正确的劳动观。

三、劳动教育融入高校创新创业教育的实践路径

从顶层设计看,劳动教育与创新创业教育的融合要有科学合理的政策依据和保障措施;从实际实施看,劳动教育与创新创业教育的融合要遵循教育教学规律,符合教育教学要求。具体来说,高校可以从以下几个方面进行实践:

(一)培育创新精神,激发劳动创造力

大学生有较强的自我意识,受教育程度较高,思维活跃,容易接受新鲜事物,富有创新精神和创造性,可塑性强,有强烈的创新创业愿望。在创新创业教育中融入劳动教育后,大学生更能结合实际选择行之有效的成长路径。因此,创新创业教育离不开劳动教育的引导,高校要激发大学生的劳动创造力,促使其发掘自我潜能,提高创新创业能力,从而创造劳动价值、个人价值和社会价值。如果缺乏劳动教育的引导,创新创业活动将失去根基。大学生实现自我价值的意识越强烈,越能促进他们通过劳动实现自己的人生价值,激发其劳动创造力。

(二)丰富创新人才培养方案,使人才培养更具活力

高校要将劳动教育与创新创业教育的融合贯穿人才培养的整个过程,并将其融入校园文化当中,在编制人才培养方案时,将劳动创新能力、劳动创业意识的培育作为教育目标之一。劳动教育融入创新创业教育是一项复杂的系统性工程,教师要引导学生关注社会新动态,高校各部门要制定相应的配套措施,做到各职能部门定期沟通、协调联动。同时,高校要坚持与家庭、社会、政府联合育人,协同培养创新创业人才,发挥各个育人环节的资源优势,使协同育人作用最大化。除此之外,在育人目标上,高校要始终坚持劳动教育观念,构建劳动教育融入创新创业教育的高校人才培养体系,这不仅能使高校课程更有针对性,而且能使培养过程更具活力,更能激发学生的潜能。

（三）完善"创新创业教育＋劳动教育"的课程设置，提高学生的实践能力

劳动情怀是对劳动饱含的深厚感情，努力使学生在劳动实践中树立劳动意识、培养劳动情怀，养成热爱劳动、崇尚劳动、尊重普通劳动者的习惯是劳动教育不可或缺的内容。在创新创业教育中，一方面，教师要引导大学生努力学习科学文化知识；另一方面，教师要教育他们坚定理想信念，引导其自觉把人生理想融入实现中国梦和国家富强、民族复兴的伟业中。课程是育人的基本途径，在劳动教育与创新创业教育的融合过程中，课程设置关系到学生应具备哪些知识结构。融合课程除了要提高学生的劳动意识，将劳动情怀根植学生内心，还要有的放矢地通过"创新创业教育＋劳动教育"体系，提高学生的实践能力。

高校的"创新创业教育＋劳动教育"体系以课程为载体，涵盖大学生素质教育、能力培养两个层面。一方面，高校要结合专业课程，在专业教育中融入"创新创业教育＋劳动教育"，让学生在尊重知识、尊重创造的过程中尊重劳动；另一方面，高校要通过创新特色课程，培养学生的劳动价值观，以大国工匠等榜样充分阐释新时代劳模精神的丰富内涵。

（四）围绕创新创业实践活动，激发学生全面发展的内生动力

劳动教育的内容具有实践性的特点，而创新创业教育从根本上说就是劳动实践。创新创业教育通过课内教学、课外活动和校外实习等实践形式，在培养学生创新精神、创业意识和创业能力的过程中增强学生的劳动意识，提升其劳动能力。课内教学实践是指教师在实操、实训中指导学生掌握劳动技能的课堂教学活动。课外活动实践是指教师鼓励学生参加各种课外活动，让学生尊重、理解、关爱劳动者。高校应鼓励学生参与社会劳动实践，让学生在寒暑假和实践周到基层参与生产劳动，参观实训基地，以培养他们的劳动精神。

（五）搭建创新创业教育与劳动教育融合平台，推动多方协同配合

高校建设的创新创业项目孵化基地也是劳动教育的实践平台。很多高校建立了大学生创业园，不仅聘请校内外有丰富经验的创新创业导师，面向全校范围遴选项目团队，而且提供免费的创业园区办公场所和公共设施，甚至向项目团队提供数目可观的创业基金，为创新创业项目搭建指导服务平台，实行全程指导和服务。

在创新创业教育与劳动教育融合的过程中，高校要加强与企业、劳模共同育人的模式，建立融合平台。首先，高校要加强与企业的合作，鼓励企业将研究机构设立在高校，为学生提供劳动实践机会，并将劳动教育融入其中；其次，高校要发挥劳模作为创新创业导师的优势，鼓励他们凭借丰富的人生经历和工作经验，为在校大学生开设劳动教育课程；最后，高校要利用与企业共同搭建的平台，将教学实践场所延伸到校外，结合社会需求开展创新创业实践活动，以更好地发挥多方协同的作用，实现实践育人。

（六）培育"双师型"教师队伍，加强对学生创新创业实践和劳动实践的指导

基于高校创新创业教育与劳动教育融合的需要，选聘和培育"双师型"教师，建立一支劳动教育和创新创业教育相结合的"双师型"师资队伍已势在必行。"双师型"教师不仅要具备理论教学的素质，还要具备指导学生实践的素质，能通过劳动实践，将劳动教育与创新创业教育相融合，对学生进行专业的、有针对性的指导，能够按照市场、企业的需求，通过劳动教育，进行创新创业知识的传授，促进学生创新创业能力的有效提高。

为加强"双师型"教师队伍建设，一方面，高校要建立教师培训机制，加强对教师进行劳动教育与创新创业教育相结合的培训，同时组织教师到企业挂职锻炼，鼓励教师参与行业的劳动实践及创新创业实践；另一方面，高

校应积极聘请优秀企业家和优秀创业者等社会人士担任创新创业教育导师，聘请全国劳模担任兼职辅导员，使其在创新创业教育中发挥劳动教育的引领作用，使劳动教育与创新创业教育相结合，以此加强对学生创新创业实践和劳动实践的指导。

高校要注重围绕创新创业教育，结合学科和专业积极开展实习实训、专业服务、社会实践、勤工助学等活动，重视新知识、新技术、新工艺、新方法的应用，创造性地解决实际问题，使学生增强诚实劳动意识，积累职业经验，提升就业创业能力，树立正确择业观，具有到艰苦地区和行业工作的奋斗精神，懂得空谈误国、实干兴邦的深刻道理；注重培育公共服务意识，使学生具有面对重大灾害等主动作为的奉献精神。

第四节 "互联网＋"思维与高校创新创业教育的融合

一、"互联网＋"思维融入高校创新创业教育的意义

（一）拓展高校人才培养理念的边界

随着时代的发展，互联网已从最初人类文明"传播的介质"演变为"发展的内容"，催生了人类新的社会文明形态——"互联网文明"，孕育了新的思维方式——"互联网＋"思维。"互联网＋"思维的最大特点就是将人类现实世界的"实"与互联网虚拟世界的"虚"结合起来，进行深度融合、重组与创新，充分发挥互联网在生产要素配置中的优化和集成作用。推进"大众

创业、万众创新"是我国经济社会发展到新阶段的必然选择，是衡量高校人才培养与社会需求符合度的重要标尺，这就意味着社会对高校人才培养提出了更高的要求。而"互联网＋"思维与创新创业教育的融合能使高校人才培养紧跟社会发展步伐，将传统教育教学模式与现代技术深度融合，以学生感受的创新创业教育体验为导向，以学生掌握的创新创业技能为评价指标，满足学生对创新创业教育的个性化需求。高校将"互联网＋"思维运用于创新创业教育，有利于实现创新创业教育方式、手段及内容的升级，提高社会对高校人才培养质量的满意度。

（二）开阔学生的国际化视野

高等教育要使学生更深刻地了解他们生活的世界是什么样的，以及如何利用自身掌握的知识和技能改造这个世界，在实现自我价值的同时为社会发展作出贡献。国际化是"互联网＋"思维的显著标志，它能为创新创业教育提供极为丰富的经验借鉴。在互联网的帮助下，不同国家和地区的人们可以轻松地进行信息传递和交流，实现跨越时空的即时沟通。教师可以引导学生借助互联网平台获取全球范围内的市场信息、产品需求，以此为基础进行创新思考。同时，高校也能通过"慕课"等在线教育平台，拓宽学生接受创新创业教育的渠道。

（三）帮助学生构建系统化的创新创业知识群落

高校开展的创新创业教育应该将传授知识与指导实践的任务有机结合起来，只有先增加学生的知识储备，优化其知识结构，培养他们的创新能力，才能为其日后的职业发展和创业实践打下坚实的基础。

随着大数据、云计算在高等教育领域的广泛应用，与创新创业相关的海量知识汇聚在互联网中，学生可通过互联网随时调取所需内容。高校拥有众多的创新创业领域的专家、丰富的专业藏书以及大量可在生产一线广泛应用的研究成果,这些资源共同组成了高校的"智慧库",是大学生获得创新创业力量的源泉。"智慧库"通过互联网不仅能实现知识的快速传递,还可打破时间和空间的界限,实现实时的、个性化的创新创业指导,这种模式实际上就是"互联网+"思维融入创新创业教育过程中形成的"互联网+智慧库"模式,能最大限度地调动学生学习的积极性。学生可以根据自己的时间、学习习惯、兴趣及学习目标有选择地学习,并对从互联网和"智慧库"中学到的知识进行系统化整合,从而优化自身的知识结构。

"互联网+智慧库"模式将有助于实现各种创新创业知识向学生头脑的高效迁移,这种迁移既有点对点的个性化指导,也有点对面的广谱式推送,以实现学生、学校、社会三者之间的多维实时交互。在互联网的帮助下,各种知识在传递与交互过程中可按照学生在创新创业实践中的实际需求进行重组,并在学生大脑中构建起系统化的创新创业知识群落,这将大大提高学生日后走上创业之路的概率。

(四)营造开放性的校园创新创业生态环境

高校是孕育创新创业灵感的沃土,这些灵感往往源自师生日常的生活,而将灵感转化为创新创业成果则需要良好的创新创业生态环境支撑。"互联网+"思维与创新创业教育的融合能够使高校突破传统意义上专业课程和教学资源固有的边界和结构,构建以学生为中心的跨专业交叉选课、按需选课的全新的开放式课程体系,并将各专业课程的核心知识点、衔接点移至互联网、移动终端及各类在线课程平台上,让各专业的学生都能学习创新创业相关知识,为创新创业教育营造良好的校园氛围。此外,"互联网+"思维与创新创业教育的融合还能促使高校创新创业平台的建立,对区域内甚至更大范围内的高校、企业、政府的创新创业资源进行整合,为学生提供创新创业服务。借助创新创业平台,学生可以便利地享受政策咨询、成果转化、供需对接、孵化投资等多方面的服务,降低创新创业成本。

二、"互联网＋"思维融入高校创新创业教育的挑战

（一）传统教育模式的阻滞

"互联网＋"思维是开放性的思维，"互联网＋教育"的模式为学生提供了丰富的学习资源，学生能随时、随地获取所需的内容。而在传统教育模式中，教师是主导，教材是核心，教师经常在固定的教学场所教授固定的知识，学生以被动接受知识为主。

目前，我国多数高校的创新创业教育是通过传统教育模式开展的，因为很多创新创业课的教师并没有创新创业的经验，只能靠着教材和讲义向学生灌输相关知识，不能为学生提供切实的创新创业方面的指导和服务；同时，一部分无法适应并掌握"互联网＋"时代各种新技术的教师将会不自觉地产生畏惧和抵触心理，排斥"互联网＋"思维在创新创业教育中的应用。这些都会降低学生进行创新创业活动的热情和积极性。

（二）加重学生对互联网的依赖

"互联网＋"的本质是"网络智慧＋现实智慧"，也就是通过网络智慧与现实智慧创造新事物。泛在式教育让学生在任何时候都能够接收来自互联网的信息，学生不去教室就可以学习到比课堂教学更为丰富的教育内容，不用去考场就可以取得"慕课"的学分。"互联网＋"思维使一切原本烦琐且耗时的活动变得容易、高效，这很可能使学生脱离现实的学习生活，加重对互联网的依赖，致使其实践能力和独立思考能力下降，学生对现实世界的感知也将变得不敏锐。学生过度上网，还可能产生身心健康方面的问题，如体质下降、精神抑郁等。忽略现实世界对学生的磨砺，势必会影响学生创新创业能力的培养，这不是创新创业教育的题中之义，与社会对应用型人才的能力素质方面的要求是不符的。

（三）容易使创新创业教育缺乏特色

没有特色就等于没有创新。就高校创新创业教育而言，"互联网＋"是一把双刃剑，既产生了深远的正面影响，也产生了不可避免的负面影响。当海量且良莠不齐的资源呈现在学生面前时，学生在短时间内无法甄别出适合自己的学习内容，而碎片化的学习方式使学生的专注度降低，学习不系统，对很多知识的理解都停留在表面。这就会造成对学生创新性思维的禁锢，使他们在创新创业实践中做出从众行为，缺少独特的见解，从而使各高校创新创业教育成果趋同，丧失特色。

三、"互联网＋"思维与高校创新创业教育的融合路径

（一）构建"塔形"的"互联网＋创新创业教育"模式

要使"互联网＋"思维与创新创业教育深度融合，高校就要构建"塔形"的"互联网＋创新创业教育"模式。该模式有三个组成部分："塔顶"——校级创新创业教育学院，"塔身"——院级创新创业教育基地，"塔基"——面向大一、大二学生开设的系统的创新创业必修课程。围绕这三个组成部分，高校可从以下三个方面进行该模式的构建：

1. 做精"塔顶"，探索创新创业实践之路

高校要组建以"商学院＋计算机学院"或"管理学院＋计算机学院"等为核心的开放式的创新创业教育学院，设立创新创业辅修学位，整合校内创新创业教育优质师资，吸纳来自不同专业的具有明确创新创业意向或者具有初步创业项目构想的学生，配备创新创业导师，搭建"项目培育模块＋过程辅导模块＋资金扶持模块＋孵化帮扶模块＋智慧支撑模块"的完整创新创业教育与服务体系，设置"通识类＋专业类＋实训类＋互联网类"的课程集群，形成"理论＋实训＋实战"的课程模式，逐级递进，着重培养学生的创新素

质和创业实践能力，并帮助学生在导师的指导下开展"互联网＋"创新创业实践活动，创办企业，努力实现成果转化。

2.砌实"塔身"，积累创新创业基础知识

高校要大力支持各二级学院结合学科专业，建设院级创新创业教育基地，主动发掘、培养具有创新创业潜质的学生。在院级创新创业教育基地中进行的教育活动的重点要落在"教育"上，帮助学生了解"互联网＋"与所学专业的内在联系。这个重点的目的并非一定要让学生开始创办企业，而是要让他们积累未来走上创新创业之路所需的知识与经验，找到创新创业实践的切入点。此外，院级创新创业教育基地还有一项重要的任务，就是把真正有创业意愿并具备一定创业知识和创业能力的学生推荐至学校的创新创业教育学院继续学习深造，并进行创新创业实践活动。

3.夯实"塔基"，激发创新创业意识

高校要面向大一、大二学生开设创新创业必修课程，借助互联网平台重点普及企业管理、营销管理、电子商务、财务管理等方面的基础知识，科学设定学分，通过规范的课程教学引导学生学习创新创业的基础知识，全面激发学生的创新创业意识，鼓励学生进入院级的创新创业教育基地继续学习深造。

高校若能做好"塔顶""塔身""塔基"三个层级的创新创业教育工作，便能形成高低搭配、层层递进、相互支撑的"塔形"的"互联网＋创新创业教育"格局，强化学生的创新创业能力，使创新创业教育成为培养应用型人才的重要支撑。

（二）引导学生正确选择"互联网＋"创新创业模式

高校要从顶层设计着手，把"互联网＋"思维与创新创业教育的融合发展纳入人才培养的全局进行考量。高校要引导学生正确选择符合实际的"互联网＋"创新创业模式，科学配置与学生相关的创新创业要素，使理想与实际紧密结合；要大力支持学生依托互联网成立小微企业，为学生提供网络设备等硬件条件保障。除此之外，高校应设立校内创新创业扶持基金，打通学生向校外投资者展示创新创业项目的渠道，引入"众包""众筹"模式，集聚社会"资源"和"智源"，为学生正确选择"互联网＋"创新创业模式提供支持。

（三）打造有"互联网＋"特色的创新创业活动运作和氛围营造体系

高校要打造有"互联网＋"特色并能被认同的创新创业活动运作和氛围营造体系，开展一系列以"互联网＋"创新创业为主题的活动，使活动运作与氛围营造形成强大的育人合力，激发学生参与创新创业的热情。活动运作类型包括"意志磨砺类""素养发展类""技能提高类""沟通交流类"四个类别。高校创新创业活动运作体系应着重培养和提高学生的综合能力，从而为学生未来的职业发展打下坚实的基础。高校要把优秀的现代企业文化引入校园创新创业文化建设之中，广泛宣传运用"互联网＋"思维实现传统产业转型升级的典型案例，使学生了解现代企业的文化和运作方式；要鼓励不同专业的学生协同发展，不断完善学生的知识结构，培养学生的团队意识和追求真理的科学精神；要积极举办以"互联网＋"为主题的创业计划大赛，引导学生将互联网创业的理论与实践相结合。

（四）发挥"慕课"在创新创业教育中的作用

随着信息技术的快速发展，知识呈现爆炸式和集聚式的发展势头，世界上不同国家和地区的人可以同时共享信息。信息全球化促使不同文化背景的人分享社会进步的成果，"慕课"正是在这种时代背景下产生的。

"慕课"是一种大规模开放网络课程，主要是由具有分享与协作精神的个人组织的，他们将课程发布在互联网上，供有兴趣的学习者学习，旨在扩大知识传播范围。高校要充分运用"慕课"来对学生进行创新创业教育，加强"慕课"平台建设，提高教师运用"慕课"的能力，主动邀请国内外的企业家、创业者为学生授课；支持校内创新创业教师结合学校实际，制作有学科专业特色的系列创新创业教育"慕课"，以便学生自学，从而最大限度地发挥"慕课"在创新创业教育中的作用。

第九章 高校创新创业教育实践

第一节 H大学创新创业教育实践

H大学开展创新创业教育是以培养学生的创业意识和创新精神,向学生传授创业知识、提高学生的创业技能为宗旨的。为了践行这一理念,H大学从组织、制度、师资三个方面构筑了完备的创新创业教育保障体系,并结合创新创业人才培养体系、创新创业教学体系、创新创业实践体系建立了三位一体的创新创业教育实施路径。

一、三项举措构建完备的创新创业教育保障体系

(一)多部门联手,提供坚实有力的组织保障

强有力的组织保障、健全的机构设置、合理完善的领导体系是大学生创新创业教育得以有效实施的必由之路,是建成多层次、立体化、全方位创新创业人才培养体系的必要保障。

H大学的创新创业教育受到校领导的高度重视,学校专门成立了创新创业教育领导小组、创新创业教育专家组和创业管理培训学院等组织和机构。H大学的创新创业教育由领导小组主抓,具体工作主要由创业管理培训学院负责,各专业院系、教务处、学生处、就业指导中心、团委、大学科技园等部门协同承担。

H大学的创业管理培训学院是一个负责全校创业教育的顶层设计与组织实施的集管理与教学于一体的单位。创业管理培训学院除需完成与创业相关的教学和科研外，还承担向全校推广创业教育、管理创业教育，以及开展学生创新创业实践活动的职能。学校自上而下的统筹规划和统一领导增强了各院系、部门之间的工作协调性，确保了创新创业教育工作的顺利开展。

（二）制定鼓励政策与措施，提供制度保障

H大学在课程设置、师资配备和大学生自主创业方面制定了灵活、高效的激励政策和保障机制，健全了过程管理制度，营造了有利于创新人才培养的环境。

首先，完善课程设置与师资配备的管理机制是保障创新创业教育顺利开展的必要条件。教务处大力支持开设创新创业教育相关课程，由创业管理培训学院、就业指导中心以及其他部门联手推动创新创业课程的设置与教学工作。学校各职能部门和专业院系都非常重视创新创业教育，优先安排优秀教师讲授创新创业教育课程。此外，学校对聘请校外创业导师给予大力支持。

其次，制定激励措施，鼓励学生自主创业。学校允许在校生保留学籍休学创业，并且对一些比较成熟的创业项目给予必要的创业孵化资金资助和政策指导。

（三）建立"三业"导师制度，完善师资保障机制

具有创新精神的优秀创业师资队伍是培养创新型人才、有效实现创新创业教育目标的必要保障。在目前创业师资力量薄弱的情况下开展创新创业教育，应充分挖掘各专业领域教师在创新创业教育方面的潜能，组织学生辅导员和职业指导教师参加与创新创业指导相关的职业技能培训，扩充创新创业指导师资队伍；另外，聘请经验丰富、责任心强并且热心创新创业教育事业的社会各界人士担任创业导师，这样不但可以有效解决现有创业师资匮乏的

问题,而且有助于提高职业指导教师的能力。在这一理念的引领下,H大学创立了"三业"导师制度,即在现有创业导师制度的基础上,依托各专业院系现有师资,建立学业、职业和创业相结合的导师队伍。

首先,充分发挥学业导师在创新创业教育中的作用。培养各专业院系的教师成为学术型与实践型相结合的"双师型"人才,承担创新创业课程的教学任务,并使其在对学生进行学业指导的同时,结合专业知识,对那些有创业意愿和潜力的学生进行创业方面的指导。

其次,培养创业团队指导教师。组织学生辅导员和职业指导教师参加与创业指导相关的知识和技能培训,组建创业指导师资队伍,为创业团队提供"一对一"陪伴式的创业辅导,提高创业指导工作质量。

最后,聘请成功的企业家和正在创业的本校毕业生担任创业导师。具有成功创业经验的企业家对大学生进行指导可以起到激励和引导作用,而处于创业阶段的本校毕业生的经历则可以使大学生更加有亲近感,明白创业并不是遥不可及的。

二、三位一体构建全新的创新创业教育体系

(一)全员覆盖与分类培养相结合的创新创业教育培养体系

广义的创新创业教育包含三个层面的意思:首先是培养具有创新意识、开拓精神和批判性思维的学生;其次是培养善经营、会管理,具有突出组织、协调和交流能力的人才;最后是培养具有丰富的创业知识和高超的创业技能,能够创办企业的未来企业家。H大学根据创新创业教育的不同层次和学生发展的不同需求,建立了全员覆盖与分类培养相结合的创新创业教育培养体系。

创新创业教育面对的群体是所有学生,即"全员覆盖",在此基础上还要根据不同学生的具体需要,进行分类培养和指导。对于有创业知识需要的学

生，开设系统的创业课程，满足其在创业基础知识方面的需要；对于有创业想法的学生，由创业指导教师就项目的可行性、资源需求、开办方式、创业风险等方面的问题进行个性化指导，提供解决创业难题的思路和途径；对于有创业项目的学生，除了提供项目咨询、指导，部分项目经过评估论证，由"双实双业"基地或"大学生创业实践基地"提供场地、技术、管理、运营等方面的孵化支持；对于起点高、规模较大的创业项目，则可指导其进入大学科技园，由大学科技园参与投资和经营管理，也可指导其项目人到社会上整合资源，创办企业。

（二）特色鲜明、大胆创新的创业教育教学体系

H大学将创业教育作为创新型人才培养过程中贯穿始终的理念，与知识教育、专业教育融为一体，以专业教学为主渠道，培养学生的创新创业能力和素质。创业教育作为与传统教育不同的一种教育，在教学过程中从课程设置、教学方法、评价方式等方面进行了改革和创新，具体表现在：

在课程设置上，既以通识课程的形式面向全校学生开设公共选修课，又深入各院系开设专业知识与创业知识、技能相结合的课程。目前，已经开设的通识课程有创业管理、创业概论等。此外，各专业院系还开设有专业性很强的创业课程，如生物工程创业、艺术创业等。

在教学方法上，采取传统的讲授法与案例教学、课堂讨论、分组教学、参观访问等相结合的方式，以此激发和培养学生的求知欲和创造力，使教学过程成为师生互动的双向传导过程。

在评价方式上，建立能力本位的发展型、多元化、过程性的教学评价机制。对传统、单一的闭卷考试进行革新，采取多元化的考评方式；要求学生撰写阶段性的课程学习心得；要求学生自选案例，在指定时间集体研讨并撰写案例分析报告；以某一章或者某一节为依据，学生以小组为单位起草创业计划书。

在实践教学环节,依托创业管理培训学院建立"大学生创业实践基地"和"大学生创业实训基地",依托互联网开发"创业之星"等大学生创业模拟软件,使学生在虚拟商业社会中完成企业从注册、创建、运营到管理等所有决策,从而有效地将所学理论知识转化为实际动手能力,提升学生的综合素质,增强学生的实践能力。

(三)依托基地的创新创业教育实践体系

H大学科技园充分整合各方资源,联合学校研究生院、招生就业处、学生处、团委等单位,共同成立了"双实双业"基地。该基地为H大学有创业意愿的学生提供免费的创业场地,旨在鼓励大学生自主创业,并提供政策、技术、管理等方面的咨询和服务。

H大学还设立了"种子基金"平台,为技术创新项目和科技型创业企业提供权益性资本,直接参与创业过程并负责具体实施。针对该平台,H大学科技园成立了投资指导委员会与投资项目部,对拟投资的企业进行深入调查,编写投资建议书,确定孵化基金的投资方案,最终以股权投资的方式进行投资。

为提高学生的创业实践能力,H大学已经成功举办了若干届"科技园杯"创业计划大赛,以此遴选更多优秀的创业项目,培养高素质创新创业人才,推动科技成果快速向生产力转化。

第二节　R大学创新创业教育实践

R大学创新创业教育模式有自己的特点。该校是最早参与全国大学生创业计划竞赛的学校之一，在"互联网＋"背景下，学校结合学科特色和教改实际，把创新创业教育融入素质教育，把重点放到培养学生的创业意识、传授学生创业知识、提高学生创业素质上来。R大学以学生整体能力和素质提高为侧重点的创新创业教育模式，对人文社科类高校或者高校人文社科类专业开展创新创业教育有着借鉴意义。

一、开展多种形式的创新创业教学活动

为了更好地进行创新创业教育，R大学众多优秀教师为全校学生开设了创新创业教育相关课程，学生可以根据自己的兴趣、爱好选修。另外，这些课程还可以在相关"慕课"平台上找到，方便学生多次回放学习。此外，R大学与中国青年报社等单位合作举办了全国大学生创业论坛，积极邀请专家介绍创业活动的理论、历史和案例，邀请创业成功人士讲述创业技能和自身经历。最近几年，R大学还举办了数十场各类大学生创业报告会，增强了大学生创业的信心。

二、开展与实践结合的创新创业活动

为了把创新创业教育与提高学生素质结合起来，R大学团委积极举办了"青春导航职业设计"活动，邀请部分企业人力资源管理部门的负责人开展培训、模拟等活动。同时，学校还邀请了在创业活动中取得不错成绩的校友，

向学生讲述创业活动中的主要问题、经验教训和心路历程。

此外，为了给学生提供实践机会，校团委会同管理学院举办了"管理之星"大赛。该大赛面向其他高校征集创业计划，并邀请知名人士作指导，给各个创业方案作点评。"管理之星"大赛一方面给学生提供了一个模拟实践平台，激发了他们的创业意识；另一方面也为人文社科类高校开展创新创业教育探索了一个新思路。

R大学作为最早参与"挑战杯"中国大学生创业计划竞赛的高校之一，积极宣传和组织学生参与创业计划竞赛。学校曾特别安排商学院创业教育中心有关教师，结合学生的专业特点，制定出相关创业辅导方案，使学生能够制定出更好的创业计划。

第三节　J大学创新创业教育实践

J大学是一所具有创新创业基因的学校。自1999年开始，学校就持续推进创新创业教育，积极探索构建研究型大学创新创业教育模式。2002年，J大学等高校被列为教育部首批创业教育试点院校。2009年，J大学成为上海首批创业教育试点高校。2016年，J大学入选全国首批"双创"示范基地，获评全国创新创业典型经验高校和全国首批深化创新创业教育改革示范高校。在"互联网＋"背景下，J大学持续推进创新创业教育，通过线上线下相结合的方式为学生普及相关知识，进一步推动大学生创新创业教育的落实。

一、打造高素质师资队伍，突出教学实战性

学校专门聘请创业校友、创业名家担任创业导师，以亲身的实践经验讲述现实的创业历程，深度剖析行业发展脉络，加深学生对创业概念和规律的理解。同时，学校还对创业领域的导师作了创业导师与创投导师的细分。其中，创业导师侧重分享创业经历、创业挫折的克服方法，以及创业过程中的心理压力调节方法；创投导师侧重总结行业领域中的创业规律。创投导师本身未必有创业经历，但是他们往往在创业项目投资过程中深度了解某些行业，掌握了企业的运作规律，这些都是创新创业教育中的生动素材，能够增强创业教学的实战性。

2014年，在首届"创青春"全国大学生创业大赛决赛中，J大学选送6支团队参赛，获5金1银，以团体总分第一名的优异成绩获得2014年"创青春"全国大学生创业大赛冠军。在6支创业团队中，核心创始人为研究生的团队占80%，在教师、创业导师、创投导师三支师资队伍的指导下，研究生成为科技创业的生力军。

二、建立创业加油站，打造创业练兵场

J大学把校园内一部分鲜有人光顾的书报亭改造成创业加油站，面向全校学生进行创业项目招标。入选的创业项目团队以书报亭为场地，把自己的创业想法落地实施，同时学校根据创业项目的质量和评审专家的意见，给予一定的资金支持。在创业加油站的管理运营中，学校采用优胜劣汰的办法，定期进行考核，考核不合格的团队退出创业加油站，投标答辩中获得票数次之的团队依次递补进入。

自2015年4月创业加油站启动以来，申请入驻的研究生创业团队络绎不

绝，招标现场火爆。创业加油站的建设，不仅营造了校园的创业氛围，而且为学生提供了把创意转化成创业行动的场地，推进了创业教育课堂教学和动手实践的统一。

三、开展创业见习，夯实教学内容

研究生的创业教育不再拘泥于课堂，而是可以参与到企业核心团队中，零距离接触核心团队运营，与创业大咖并肩同行，实实在在炼就一块未来职业发展的"真金"。参加暑期创业见习的研究生获得不少于两周的创业见习岗位锻炼，在见习期间接受经验丰富的创业导师专项指导，为自己日后创业打下基础。2016 年，J 大学首次尝试开展创业见习，大批优秀企业汇聚，提供了近 400 个创业见习岗位。这一举措有效帮助参加创业见习的研究生夯实并拓展了创业课堂的教学内容，深化了他们对创业的认识。

四、联合地方政府，促进项目落地转化

2015 年 4 月，"零号湾——全球创新创业集聚区"成立，极大地方便了 J 大学师生就近开展创新创业活动。据统计，2016 年入驻零号湾的学生创业团队有 113 支（每年学生创业团队毕业后可自动转化成校友团队），其中以研究生为核心创始人的团队超过 70%，涉及在校研究生 500 人次。

第四节　X 大学创新创业教育实践

X 大学实行专业教育和创业教育相结合的人才培养模式，通过突出"宽口径"教育和"多出口"就业"两手抓"，鼓励学生个性发展，培养学生的创新思维，激发学生的创业潜能，让学生有更多的自主发展空间。

一、转变创新创业教育模式，提高创业素质

以前，X 大学的毕业生自主创业者所占比例很小，创业存在的问题与困难主要是创业教育不够，学生普遍缺乏创业风险意识，对创业的困难认识不足，没有做好克服困难的心理准备。针对这些实际问题，X 大学首先从创新创业教育模式入手，在加强学生专业教育的同时，加强学生创业教育，构建创业教育课程体系，在职业生涯规划方面对大学生进行引导，在创业经营管理方面对大学生进行基本知识层面的培训，在创业实践方面对大学生进行扶持指导，形成"课堂教学、名家讲座、课外实践"相结合的创业教育体系。

（一）课堂教学

该校将大学生职业发展与就业指导纳入全校选修课，并将创业教育作为该课程的一个模块内容，从态度、知识和技能三个层面引导学生了解创业的基本知识，培养学生的创业意识与创业精神，提高学生的创业素质与创业能力。该课程是在原有创业课程"小企业经营谋略与技巧——大学生创业指导"的基础上设立的，并且是在全国高校首开的创业类选修课，注重实用性，深受学生欢迎。

（二）名家讲座

所谓"名家讲座"，就是邀请成功的大学生创业者和优秀企业家来为学生讲述其创业过程、创业时遇到的问题及解决的办法。X 大学举办的创业讲座有"成功创业从实习开始""创业人生的感悟""谁把我推进了鳄鱼池？"等。创业者的讲授，丰富了创业教育的教学内容，开阔了学生的视野，激发了学生的创业激情。此外，X 大学还从大学生个人成长、行业动态和未来发展的角度，以广泛吸纳社会精英的开放姿态，为大学生聘请职业规划导师，让大学生从成功者的成长经历中得到启迪，帮助大学生树立正确的创业观。

（三）课外实践

X 大学为在校大学生免费开放大学科技园、大学生创业园、大学生创客空间等校内创新创业实践平台，提供专业化孵化服务。

二、搭建创业教育基地，营造创业环境

此前，X 大学设立了国家级人才培养模式创新实验区——创业教育基地。为建设好创业教育基地，培养大学生创业意识、提高大学生创业能力，X 大学采取有效措施，成立创业教育的专门机构，建立健全运行机制和保障机制，做好"六个结合"：一是促进创业教育与人才培养的结合；二是促进创业教育与就业指导服务"四化"（全程化、全员化、专业化、信息化）的结合；三是促进创业意识和创业技能的结合；四是促进创业教育和创业实践的结合；五是促进激情创业和理性创业的结合；六是促进创业教育与完善政策环境的结合。

创业教育基地通过教学活动和实践活动相辅相成的双驱动创业教育模式，以期全方位提升学生的创业素养，建立以成功范例为激励、以创业基金为辅助、以专业师资为后盾的创业孵化中心，通过学校的信息服务和关联企业的友善扶助，创造出适宜学生创业的沃土。

X大学还成立了大学生科技创业实习基地，由创业孵化区、技术服务区和培训展示区等主要区域组成，通过整合各方优势资源，开展创业教育和培训，接纳学生实习实训，促进学生创业就业，为提高高校人才培养质量、实现以创业带动就业提供支撑和服务。目前，该基地入驻创业团队近20个，行业分布广泛，经过一年的孵化和培育，已有18个创业团队成立了具备独立法人资质的企业，进入创业的新阶段，被相关部门认定为首批"双实双业"基地。

三、模拟职场竞争环境，激发创业意识

为积极响应国家以创业促就业的号召，X大学加大对学生创业竞赛的投入力度，通过举办各类创业竞赛来营造"职场竞争"环境，鼓励学生在竞争激烈的赛场上激发出创新潜能和创业意识。对于各类创业比赛等课外活动，X大学精心组织、深化实践。部分专业教师被邀请参与到第二课堂创新创业教育环节，针对部分学生的规划与参与情况进行指导，为学生创业打下基础。近年来，学生创业团队在质量和数量上都有明显突破。

另外，X大学建立健全全校性大学生创业活动体系。一方面，通过举办"创源"科技学术论坛等高水平科技报告和讲座等活动，激发学生的创业热情；另一方面，进一步完善群众性科技活动的动员和宣传方式，扩大活动的覆盖面。校级"腾飞杯"创业计划大赛就是很好的例证。一批优秀的创业团队从校内的"腾飞杯"学生创业计划大赛中脱颖而出，相关项目经过进一步的完善，在省级、国家级甚至全球性的创业竞赛中屡获佳绩，得到了各种创业基金的资助，为创业项目进一步市场化提供了有力支持，极大地提高了学生的创业能力和就业竞争力。

四、开辟创业绿色通道，孵化自主创业

以前，该校大学生的创业意愿强烈，但实际创业动能不够，原因在于他们的创业精神和创新意识较差，资源获取的能力不强。鉴于此，X大学在开展创业知识教育的基础上，为学生搭建实践平台，在已有创业中心的基础上，依托校友创办的企业建设创业实践基地，帮助学生获得实际的工作经验，提高他们的实践能力。

早在2002年，X大学就设立了大学生创业中心，为有志于创业活动的学生提供沟通信息的场所。目前，X大学的大学生创业中心已建成一套有一定开放性的科学运行体制，建立了一支从事大学生创新素质研究和创业活动指导的稳定的教师队伍，在孵化大学生创业团队、进行创业知识和技能培训，以及加强对外交流方面发挥了重要作用。

参 考 文 献

[1] 程虹，余柏林，赵志国，等.地方高校构建"四三四五"创新创业教育模式的探索与实践[J].创新创业理论研究与实践，2022，5（5）：59-62.

[2] 邓向荣，刘燕玲.大学生创新创业[M].北京：北京理工大学出版社，2020.

[3] 段辉琴，冯丽霞，李昕，等.高校创新创业教育课程思政实践探索[J].北京联合大学学报，2022，36（2）：30-34.

[4] 高芳芳，张文喜，马苒苒."互联网＋"大学生创新创业教育研究[M].北京：中国纺织出版社，2018.

[5] 郭立群，张红伟.高校创新创业教育促进高质量就业的理论与实践探索[M].北京：中国农业大学出版社，2022.

[6] 郭美斌，文丽萍.大学生创新创业理论与实训教程[M].长春：吉林大学出版社，2015.

[7] 郭志辉.大学生创新创业教育研究[M].成都：电子科技大学出版社，2016.

[8] 韩健勇，赵悦，陈阳，等.校企合作模式下理工类高校创新创业教育探索与实践研究[J].高等建筑教育，2024，33（1）：50-57.

[9] 侯东东."新工科"背景下大学生创新创业教育及其支持体系的理论探讨与研究[M].成都：电子科技大学出版社，2019.

[10] 侯力红，姬春林.互联网＋大学生创新创业教育研究[M].北京：科学技术文献出版社，2017.

[11] 胡敏.地方高校创新创业教育助推乡村振兴的实践探索[J].品位·经典，2023（9）：104-106.

[12] 胡小坤.大学生创业教育研究[M].南宁：广西科学技术出版社，2016.

[13] 胡燕子，彭明雪，赵元栋.高校党建思政与创新创业教育深度融合的探

索与实践[J].四川劳动保障,2024(5):36-37.
[14] 黄扬杰.数字时代的创新创业教育[M].北京:中国社会科学出版社,2022.
[15] 黄兆信.众创时代高校创业教育新探索[M].北京:中国社会科学出版社,2016.
[16] 姜海荣,刘安琴.大学生创新创业教育教程[M].北京:中国纺织出版社有限公司,2022.
[17] 李德平.大学生创业教育理念与实践研究[M].北京:人民日报出版社,2013.
[18] 李伟凤,徐绘.大学生创新创业教育的发展模式与改革创新研究[M].北京:北京工业大学出版社,2021.
[19] 刘波.高校创新创业与专业教育的耦合机制研究[J].中国成人教育,2017(12):68-71.
[20] 刘广.大学生创新创业支撑体系建设研究[J].科技进步与对策,2015(23):151-155.
[21] 刘鲲,于晓丹,沈瑞雪.高职院校创新创业教育探索[M].北京:旅游教育出版社,2022.
[22] 吕欢,刘永春.高校创新创业教育融入专业教育的实践探索[J].重庆开放大学学报,2024,36(2):11-16.
[23] 吕爽.大学生创新创业实务指导[M].北京:中国铁道出版社,2017.
[24] 马英红,满宝元.地方院校创新创业教育体系研究与实践[M].北京:中国社会科学出版社,2022.
[25] 穆标."三全育人"理念融入江苏高校大学生创新创业教育的实践路径探索[J].中国就业,2024(3):70-72.
[26] 彭杜宏,余捷婷,刘电芝.大学生优胜创业团队互动过程特征[J].心理科学,2009(2):504-506.
[27] 齐荣光,贾丽丽,吕岱瑶,等."课程思政"视域下高校创新创业教育

实践探索[J].石家庄铁道大学学报（社会科学版），2022，16（4）：87-91.

[28] 秦波.大学生创新创业导引[M].天津：天津科学技术出版社，2018.

[29] 邱兴萍，崔邦军.大学生创新创业教程[M].成都：电子科技大学出版社，2018.

[30] 屈振辉，夏新斌.大学生创业基础[M].成都：电子科技大学出版社，2015.

[31] 石萍萍.大学生创新创业教育的问题及对策[J].教育与职业，2016（24）：59-61.

[32] 宋晓宇，王成科.高校大学生创新创业教育的思考与实践[J].继续教育研究，2017（10）：31-33.

[33] 宋妍，王占仁.论当代大学生创新创业价值观的引领[J].国家教育行政学院学报，2017（11）：52-57.

[34] 宋一然.大学生创意创新创业教程[M].上海：上海交通大学出版社，2017.

[35] 宋艺文.高校大学生创新创业能力培育路径研究[J].中国商论，2021（12）：185-187.

[36] 苏华.大学生创新创业探索与实践[M].北京：北京理工大学出版社，2018.

[37] 孙林辉.大学生创新创业理论与实践探究[M].长春：吉林大学出版社，2017.

[38] 孙石群.双创时代大学生创新创业教育的融合发展研究[M].北京：中国水利水电出版社，2019.

[39] 孙文琦，蒙长玉，王文剑.应用型高校大学生创新创业能力培养课程体系研究[J].现代教育管理，2020（7）：75-81.

[40] 孙勇强.地方高校创新创业教育实践探索[J].创新创业理论研究与实践，2023，6（2）：98-100.

[41] 田红星.大学生创新创业教育模式研究[J].中国商论，2019（12）：251-252.

[42] 王飞,徐占东,顾瑜婷.社会网络对大学生创业机会识别的影响研究[J].黑龙江高教研究,2015（9）:145-148.

[43] 王飞.加强大学生创业团队科学管理的路径研究[J].现代教育科学(高教研究),2013（6）:52-56.

[44] 王洪才,郑雅倩.大学生创新创业能力测量及发展特征研究[J].华中师范大学学报（人文社会科学版）,2022,61（3）:155-165.

[45] 王鸣.创业教育视域下大学生创业精神培养研究[J].黑龙江高教研究,2014（10）:122-124.

[46] 王瑶.创新创业教育背景下高校人才培养模式研究[M].北京:现代出版社,2022.

[47] 王玉斌,张丽.全球价值链分工与高校创新创业教育研究[M].成都:四川大学出版社,2018.

[48] 魏萍.团队精神视角下的大学生创新创业教育[J].中国高校科技,2016（12）:85-86.

[49] 吴建强,杨晔,薛皓文.基于新工科的高校创新创业教育探索与实践[J].产业与科技论坛,2021,20（15）:134-136.

[50] 吴俊.地方性本科高校创新创业教育实践探索[J].考试周刊,2018（5）:34.

[51] 吴文嘉,张廷元,邓华.新时代高校创新创业教育研究[M].成都:西南财经大学出版社,2022.

[52] 许晖.课程思政视域下高校创新创业教育实践探索[J].机械职业教育,2020（9）:49-52.

[53] 许馨苓.大学生创客教育模式设计研究[J].企业科技与发展,2017（2）:122-124.

[54] 杨宝仁,王晶."互联网＋"环境下大学生创新创业教育研究[M].北京:中国纺织出版社有限公司,2022.

[55] 张华.基于三态支持视野下的大学生创客教育探析[J].中国职业技术教

育，2016（19）：81-83.

[56] 张剑峰，高绪秀. 对大学生学习型创业团队模式的初探[J]. 中国成人教育，2011（21）：70-71.

[57] 张翌，程国秀，陈明月. 新时代大学生创新创业教育工作研究[M]. 北京：现代出版社，2021.

[58] 张瑜，范晓慧，金莹. 大学生创新创业教育理论与实践研究[M]. 北京：中国书籍出版社，2022.

[59] 钟迪，李文荐. 我国高校创新创业教育的实践探索[J]. 吉林省经济管理干部学院学报，2015（4）：74-76.

[60] 朱慧，董建锴，陈铸. 高校创新创业教育中实践环节的形式探索[J]. 教育现代化，2021（65）：145-148.